미라클 모닝
기적의 공식

〈일러두기〉
이 책은 2020년 1월에 출간된 할 엘로드의 《미라클 이퀘이션》 개정판입니다.

미라클 모닝 기적의 공식

초판 1쇄 발행 2020년 1월 20일
개정판 1쇄 발행 2020년 7월 15일

지은이 할 엘로드 / **옮긴이** 김잔디

펴낸이 조기흥
편집이사 이홍 / **책임편집** 정선영 / **기획편집** 유소영, 송병규, 임지선, 박단비
마케팅 정재훈, 박태규, 김선영, 홍태형, 배태욱 / **디자인** 표지 필요한 디자인, 본문 박진범
표지 일러스트 및 캘리그래피 (주)눙눙이 / **제작** 박성우, 김정우

펴낸곳 한빛비즈(주) / **주소** 서울시 서대문구 연희로2길 62 4층
전화 02-325-5506 / **팩스** 02-326-1566
등록 2008년 1월 14일 제 25100-2017-000062호

ISBN 979-11-5784-429-6 13320

이 책에 대한 의견이나 오탈자 및 잘못된 내용에 대한 수정 정보는 한빛비즈의 홈페이지나
이메일(hanbitbiz@hanbit.co.kr)로 알려주십시오. 잘못된 책은 구입하신 서점에서 교환해드립니다.
책값은 뒤표지에 표시되어 있습니다.

⌂ hanbitbiz.com 🇫 facebook.com/hanbitbiz Ⓝ post.naver.com/hanbit_biz
▶ youtube.com/한빛비즈 Ⓘ instagram.com/hanbitbiz

지금 하지 않으면 할 수 없는 일이 있습니다.
책으로 펴내고 싶은 아이디어나 원고를 메일(hanbitbiz@hanbit.co.kr)로 보내주세요.
한빛비즈는 여러분의 소중한 경험과 지식을 기다리고 있습니다.

미라클 모닝 기적의 공식

할 엘로드 지음 | 김잔디 옮김

THE
MIRACLE
EQUATION

IB 한빛비즈
Hanbit Biz, Inc.

내 심장의 주인이자 내 세상의 중심인 가족들에게
이 책을 바칩니다.
평생을 함께할 반려자 어설라. 당신의 사랑과 지지 덕분에
내가 하는 모든 일(이 책도 마찬가지입니다)이 가능했습니다.
사랑합니다.
소피와 할스튼. 너희는 내 인생에 일어난 최고의 기적이다.
내 삶의 목표는 온 힘을 다해 최고의 아빠가 되는 것이다.
독자 여러분. (어떤 작가도 마찬가지겠지만)
도저히 말로 표현할 수 없을 만큼 사랑합니다.

당신도 기적을 손에 넣을 수 있다

■■■■■ 최근에 쓴 책 《미라클 모닝》은 엉망이 됐다.

내 목표는 매일 아침 한 명씩, 백만 명의 삶을 바꾸는 것이었다. 나는 이 목표를 아주 중요하게 생각했다. 책이 더 많은 사람에게 도움을 주기 바라는 마음에서 18개월 넘게 쉬지 않고 홍보 활동을 한 끝에, 5년이 걸리긴 했지만 《미라클 모닝》을 필요로 하는 백만 명 이상의 사람들이 책을 구입했다.

그렇게 되기까지 수없이 팟캐스트 인터뷰를 했고, TV 인터뷰 횟수도 열 건이 넘었다. 달력에는 강연 스케줄이 가득했고 페이스북에 미라클 모닝 커뮤니티를 만들어서 독자들과 직접 소통했다. 스스로 더 나아지고 싶어 하는 사람들에게 한 줄기 빛을 비추고, 간단하지만 아주 효과적인 자기계발 습관을 실천하게 하고 싶었다.

외부 시각에서 보면 나는 목표를 이뤘다. 당신이 《미라클 모닝》을 읽은 백만 명 중의 한 명이라면, 페이스북의 미라클 모닝 커뮤니티에 가입했거나 두 번 진행했던 캠프에 참여해서 누군가에게 영향을 받았던 사람이라면 고개를 갸우뚱하며 의문을 품을 것이다. 그렇게 많은 사람이 책과 메시지를 접했는데―영향도 받은 것 같은데―어떻게 성공이 아니란 말인가? 물론 나도 알고 있다. 스스로 이런 관점에서 생각하기까지 오랜 시간이 걸렸다. 사실 어떤 기준으로 봐도 목표를 이룬 듯했다.

이제 《미라클 모닝》은 백 군데가 넘는 지역에서 매일 수십만 명이 실천하고 있다. 기적적으로 건강을 회복한 사람들(암을 극복한 환자, 사고 희생자 등)이나 체중을 많이 감량한 사람들, 책을 쓴 사람들, 새로 사업을 시작한 사람들이 매일 내게 사연을 보낸다. 많은 이가 이사를 하거나 여행을 떠나고, 인연을 만나기도 했다. 일반적인 관점에서 보면 《미라클 모닝》 덕분에 셀 수 없이 많은 사람이 자신만의 독특한 재능을 발견하고 공유했다. 이 세상은 우리 모두에게 더 나은 곳이 되었을 것이다.

이 모든 성과가 내겐 얼마나 감사하고 가슴 벅찬 일인지 모른다.

하지만 《미라클 모닝》이 출간된 2012년 이후 무엇인가 계속 마음에 걸렸다. 매일 자기계발 습관을 실천하면 원하는 것을 이루기 위해 필요한 자질과 특성을 기를 수 있지만, 실제 성과로 이어지지는 않는다. 쉽게 말하자면 문제를 절반만 푼 셈이다. 매일 명상하고 자기계발서를 읽고, 일기로 생각을 명확하게 정리해서 현명하고 자신만만하며 준비된 사람이 된다고 하자. 그리고 아무것도 하지 않는다면 무슨 의미가 있을까?

지금 묘사하는 상황이 익숙하게 느껴질지 모르겠다. 책장에는 미처 읽을 시간은 없지만 온갖 지혜가 담긴 책이 넘쳐나고, '어떻게 삶을 바꿀 것인가'라는 주제의 강연이나 콘퍼런스에 꾸준히 다닌다. 그러면서도 여전히 무언가 놓쳤다는 생각이 든다. 아무런 결과가 없기 때문이다. 원하는 만큼 은행 계좌의 잔액은 불어나지 않고, 엉키고 꼬인 인간관계가 만족스럽게 개선되지도 않는다. 사업을 시작하거나 키우려고, 자신에게 맞는 직업을 찾으려고, 일상 속에서 행복을 찾으려고 고군분투한다. 혹은 이런 목표를 이미 달성했지만, 개인적으로나 직업적으로 막연히 다음 단계의 목표를 이루려는 의욕이 넘친다.

위와 같은 상황에 부딪혔다면(솔직히 나도 겪었던 일이다), 당신은(아마 자기도 모르게) 최근에 늘어난 '자기계발 중독자'일 가능성이 높다. 나도 회복 중인 한 사람으로서 얘기하자면, 우리는 '아하!' 하는 깨달음의 순간이 주는 황홀함에 빠져 끊임없이 지금보다 더 높은 목표와 이상을 추구한다.

하지만 실제로 변하는 건 아무것도 없다. 설사 변하더라도 지속하지는 못한다. 끊임없이 같은 것을 원하며 계속 좇을 뿐이다. 나는 새로운 지식을 한 조각씩 얻을 때마다 더 나은 사람이 된다고 믿으면서 게걸들린 사람처럼 이 책 저 책 읽어댔다. 그런 지식을 안전하게 내 머릿속에 밀어넣기만 하면 된다는 식이었다. 매일 자기계발 활동을 한다는 그 자체만으로도 충분하다고 생각하는 사람이 많다. 하지만 그건 사실이 아니다. 계획만 세우고 달성하지는 못해서 좌절하느라 지쳤는가? 그런 사람은 한둘이 아니다(이 책에도 많이 등장할 것이다).

의미 있는 목표를 세우고 달성해서 끊임없이 삶의 질을 높이려면 자기계발 습관을 실천할 때 검증된 프로세스를 따라야 한다. 나는 잠깐 멈추고 인생을 돌아보던 날을 기억한다. '더 많은 걸 할 수 있다.' '더 훌륭한 사람이 될 수 있다.' '현실에 안주하고 싶지 않다.' 어렸을 때는 최소한의 노력만으로 최대의 결과를 얻기를 바라면서 물 흐르듯이 살아갔지만, 이제는 그러고 싶지 않았다. 그래서 가장 큰 목표를 마음속으로 명확하게 그리기만 하면 알아서 이뤄질 거라고 기대하는(정확히 말하면 희망하는) 대신, 실제로 그 목표에 접근하기로 했다. 시간이 흐른 뒤 나는 모든 자기계발 지식을 종합해 행동으로 옮기는 프로세스를 개발했다. 그리고 대부분 단순하면서도 아주 평범한 그 행위를 통해 특별한 결과가 나온다는 사실을 깨달았다.

자기계발서를 한두 권 읽어보고 강연장도 찾는 사람이라면 '어떤 일이든 가능하다'는 말을 들어봤을 것이다. 물론 나도 그 말을 믿는다. 하지만 가능하다는 정도만으로는 평생을 바쳐 이루고 싶은 꿈을 위해 의욕을 불태우며 매일 아침 이불을 걷고 일어날 동기가 될 수 없다. 그랬으면 좋겠지만 사실이 아니다. 중간쯤 갈 수 있는 계획만으로도 부족하다. 나는 다음에 쓸 책—바로 이 책—에서 성공을 단순한 가능성에서 실현 가능한 일로, 그리고 반드시 이뤄질 현실로 바꾸게 도와줄 방법을 다루고 싶었다.

'미라클 모닝 기적의 공식Miracle Equation'은 바로 그 과정이다. 앞으로 독자들이 배울 기적의 공식은 믿기 힘들 만큼 간단하게 설명할 수 있는 개념이지만 이 공식을 실행하는 법을 이해하는 사람은 소수에 불과하다. 기적의 공식은 단 두 가지 결심으로 구성된다.

첫 번째 확고한 신념을 유지하고, 두 번째 남다른 노력을 기울여야 한다. 가시적이고 측정 가능한 기적을 만들어내는 핵심은 오랜 시간에 걸쳐 두 가지를 모두 실천하는 데 있다.

크게 성공한 사람이나 혁신가, 사회운동가, 운동선수, 그 밖에도 세상에 크게 기여했던 사람을 연구해보면 그들은 확고한 신념을 세우고 최선을 다해 지켰으며, 그 신념을 이룰 때까지 남다른 노력을 기울였다는 사실을 알 수 있다. 확고한 신념을 버리지 않고 오랜 세월 남다르게 노력하면 실패하려야 할 수가 없다. 때로는 비틀거리고 차질이 생기기도 하겠지만, 성공은 단순한 가능성에서 있음직한 일로, 결국 반드시 이뤄질 현실로 바뀔 것이다.

목표 달성이 필연적인 현실이 되는 시점을 가리켜 나는 '기적 전문가'가 되는 시점이라고 이름 붙였다. 기적 전문가는 기적을 일으키는 데 필요한 비밀을 풀고 기적의 공식에 맞춰 살아가는 사람이다. 확고한 신념은 실제로 기적 전문가의 기본적인 마음가짐이며, 남다른 노력은 그들이 목표에 접근하는 방식이다. 기적 전문가는 이 두 가지 결심을 굳게 지키며, 자기뿐만 아니라 모든 이에게 유익하고 특별한 결과를 창조한다. 그리고 기적이란 그들이 살아가는 방식 자체이므로 무슨 일을 하든 남다른 성과를 반복해서 일궈낸다. 이 책에서 소개하는 전략을 실행하여 기적 전문가의 자질과 품성을 구현하는 것이 우리가 궁극적으로 추구하는 목표이고 경지이다.

이 책을 효과적으로 읽는 방법

■■■■ 자기계발서는 조금씩 읽는 경우가 많다. 여기저기 빼먹기도 하고, 아무 장이나 내키는 대로 읽을 수도 있다. 눈을 감고 아무 쪽이나 펼친 다음 거기부터 읽기도 한다. 그러면 독자들은 책을 집어 들 때마다 어느 대목을 중요하게 받아들일지 재량껏 결정할 수 있다. 그렇게 읽어도 좋은 책도 있다. 하지만 이 책은 아니다.

이 책은 들어가는 글을 포함해서 첫 두 장에서 가시적이고 측정 가능한 기적을 일으킬 토대를 마련한다. 우리는 무엇이 기적인지(그리고 기적이 아닌지)를 논의한 후 기적의 공식을 전반적으로 살펴볼 것이다. 또한 확고한 신념을 세우고 남다른 노력을 기울일 때 두 가지가 서로 영향을 주고받으며 시간이 흐를수록 전체 과정이 더욱더 쉬워지는 원리를 들여다볼 예정이다. 그 후 내가 처음으로 겪은 기적을 소개하고, 어떻게 해서 스물두 살이 되기 전에 이 공식을 종합하고 주변 사람들에게 가르쳤는지, 기적의 공식이 나와 마찬가지로 다른 사람에게도 어떻게 작용했는지 지켜봤던(경이로움을 느꼈던) 이야기를 전하고자 한다.

그다음 장에서는 자신만의 기적을 만들려고 할 때 이해해야할 개념과 단계를 소개할 것이다. 이 책에서 다룰 내용은 다음과 같다.

- 자신의 한계(모든 사람이 겪는)와 무제한으로 타고난 잠재력 사이에 존재하는 내부 갈등을 어떻게 극복할 것인가.
- 인생에서 어떤 일이 벌어지든 감정을 통제할 수 있도록 정신적으로 강인해지려면 어떻게 해야 하는가(노력에 비해 충분한 결과가 뒤따르지 않는다는 생각이 들 때 이 전략이 크게 도움된다).
- 목표를 세우는 진정한 목적이 무엇인가.
- 처음 창조할 기적(그리고 뒤따르는 기적)을 어떻게 선택할 것

인가.

- 기적이 반복되게 할 방법은 무엇인가.
- 이 모든 정보를 어떻게 하면 각자 고유한 30일간 기적의 공식 도전 계획에 반영하고 실행하여, 가시적이고 측정 가능한 기적을 창조하는 길에 접어들 것인가.

이 책은 앞 장을 기반으로 다음 장을 썼으므로, 독자들에게 처음부터 끝까지 순서대로 읽기를 권한다. 다음 장으로 넘어가기 전에 앞 장의 내용을 이해해야 한다. 한 번 전체적으로 읽고 나서 원하는 장을 골라서 읽어도 좋다. 기적을 창조하는 일에 한창 몰입했다면 이 책을 꼭 다시 읽어보기 바란다.

책을 읽을 때 기억할 것들

████████ 1. 《미라클 모닝》과 《미라클 모닝 기적의 공식》은 함께 작용한다. 《미라클 모닝》을 읽지 않았다고 당황할 필요는 없다. 이 책만 읽더라도 자신의 잠재력을 활용해서 더욱 충만한 삶을 창조하는 데 필요한 지식을 얻을 수 있다. 어떻게 하면 특별하고 측정 가능한 성과(기적)를 끊임없이 창조하고, 궁극적으로 그 과정을 더 쉽게 만들 수 있는지 배울 것이다. 그렇긴 해도 《미라클 모닝》은 하루를 시작하기 전에 머리를 맑게 하고 안정을 찾으며 집중할

수 있게 도와준다. 이런 효과가 결과와 직결되지는 않지만 《미라클 모닝》에서 제시하는 검증된 자기계발 습관을 실천하면 목표 달성에 필요한 자질을 갖출 수 있다.

2. 몇 가지 개념은 계속 반복된다. '미라클 모닝 기적의 공식'은 쉽게 설명할 수 있지만 실행에 옮기기는 복잡한 개념이다. 그러므로 어떤 개념이든 한 번만 설명하고 넘어가지는 않을 생각이다. 중요한 개념은 독자가 내재화하고 기억할 수 있도록 의도적으로 자주, 그리고 다르게 계속 언급할 것이다. 어떤 정보를 잊지 않으려면 몇 번이고 반복하는 편이 훨씬 낫다.

3. 나는 이 책을 통해 사람들의 의식 수준을 한 번에 한 사람씩 고양하고자 한다. 도입부에서 언급했듯 《미라클 모닝》은 매일 아침 한 명씩, 백만 명의 삶을 바꾸자는 의도로 시작했다. 백만 명의 삶이 전보다 나아지는 변화를 목격한 뒤, 나는 한때 비현실적이고 불가능해 보였던 목표가 사실은 현실적이었을 뿐만 아니라 그렇게 큰 것도 아니었다는 사실을 깨달았다.

지금은 이런 말이 꽤 거창하게 들리겠지만(코웃음을 쳤을지도 모르겠다), 나는 이 책을 통해 사람들의 의식 수준을 한 번에 한 명씩 끌어올리고 싶다. 이 책을 읽고 나면 세상에 지나치게 큰 비전은 없다는 사실을 깨닫게 될 것이다. 자신의 무한한 잠재력을 발굴하면 각자가 지닌 의식 세계를 끌어올리고 주변 사람들의 의식을 높여주기도 한다. 우리가 가시적이고 측정 가능한 기적을 일으키면 그 결과가 주변 사람에게도 영향을 준다. 나는 독자가 이 책을 읽으면서 자기 능력에 한계가 없고, 무엇을 꿈꾸든 그것을 손에 넣고 그대로 이룰 수 있는 운명이라는 사실을 이해하여 각자 각오를 다질 수 있게 이끌려고 한다.

당신은 주변 세계를 보며 현실과 어떤 격차를 느끼는가? 자신이 공헌할 수 있다고 믿는(혹은 반신반의하는) 분야가 있는가? 궁극적인 기적은 무엇이라고 생각하는가? 나는 어떤 목표든 불가능한 건 없다고 장담한다.

이제 시작해보자. 첫 번째로 배울 것은 기적은 불가사의한 존재가 아니라는 사실이다.

차례

1장

기적은
불가사의한 존재가 아니다

◇◇◇◇◇◇◇

신비로운 존재에서
측정 가능한
존재로

기적은 자연과 상반되는 게 아니라,
인간이 자연이라고 믿는 존재와 상반될 뿐이다.
_ **성 어거스틴** St. Augustine

기적이라는 단어를 떠올려보자. 가장 먼저 어떤 느낌이 드는가. 좀 신비롭다는 느낌이 들지 않는가? 예측할 수 없는 사건이 한 치의 오차도 없이 이어져서 누구는 간발의 차이로 목숨을 건지고, 누구는 불가능해 보이는 꿈을 이루기도 한다. 어떻게 일어나는지 알 수 없다는 것 자체가 기적의 매력이 아닐까? 하지만 신비롭다는 특성은 사람들이 기적을 잘못 인식하는 원인이 되기도 한다.

나는 TV 프로그램 〈투데이Today〉에서 '스카이다이빙의 기적: 2마일을 낙하한 남자 Skydiving Miracle: Man Falls Two Miles' 편을 본 적이 있다. 스카이다이빙 강사 마이클 홈스가 4.2킬로미터 상공에서 뛰어내렸는데 낙하산이 펼쳐지지 않았다는 얘기였다. 빠른 속도로

땅에 가까워지자 낙하산을 펼치려고 했지만 낙하산이 말을 듣지 않았다고 한다. 엉킨 부분을 잘라내는 데 실패했다. 살아남기 위한 최후의 수단으로 예비 낙하산을 꺼냈지만 이 역시 펼쳐지지 않았다. 땅과의 거리가 200미터 정도로 좁혀졌을 때 그는 죽는다는 생각에 모든 행위를 멈추고 그저 편히 공중에 몸을 맡겼다. 하지만 놀랍게도 마이클은 죽지 않았다. 부상도 그리 심하지 않은 편이었다.

혹시 도니 레지스터 사건을 들어본 적 있는가? 그 이야기는 '도니의 기적Donnie's Miracle'이라는 헤드라인으로 온 뉴스를 도배했고, 웹사이트 오프라닷컴에서는 '현실에서 일어난 기적Real-Life Miracle'이라는 제목으로 소개되기도 했다. 이야기의 주인공 도니는 자신이 운영하는 골동품 가게의 계산대 뒤에 서 있었는데, 한 남성이 들어와서 도니의 머리에 총을 쐈다. 도니는 순간 손으로 얼굴을 막았다. 총알은 금으로 된 결혼반지에 맞고 튕겨나갔고, 비명횡사할 뻔했던 그는 아슬아슬하게 목숨을 건졌다.

이 밖에도 나는 기적처럼 건강을 회복했다는 이야기도 오래전부터 듣곤 했다. 그 이야기에 등장하는 사람들은 포기하지 않고 끈질기게 희망을 붙들고 있었을 뿐 특별한 노력을 한 것 같지는 않았다. 심지어 오래전에 헤어졌던 연인이 수십 년이 지난 후에 우연히 다시 만나기도 한다. 모두 흥미진진하면서도 무척 놀라운 이야기들이다.

물론 이 이야기들 모두 기적이라고 할 수 있다. 하지만 이런 기적은 많은 이들에게(아마 당신도 해당할 것이다) 기적의 본질에 대한 오해를 불러일으킨다. 기적을 믿지 않는 사람들은 기적이란 남들에게만 일어나는 특별한 일이며, 현실과는 동떨어져 있고 무작위로 일어난다고 생각한다. 운에 달려 있고, 손에 잡히지도 않으며, 또 너무 멀게만 느껴지는 것으로, 적어도 자신들에게 기적은 현실에서 일어나지 않는다고 체념한다. 물론 나도 예전에는 그렇게 생각했다.

지금 당장 수천만 달러짜리 수표가 수중에 들어오게 할 묘안을 떠올릴 수 있다면 아무나 백만장자가 될 수 있지 않을까? 그렇게 치면 기적처럼 건강을 회복하는 일도 흔해질 테고, 까다로운 고객이나 동료들(잘 알겠지만 끊임없이 당신의 혈압을 치솟게 하는 사람들)은… 흠, 그냥 사라지지 않겠는가.

당신이 회의주의자에 가깝다면 무엇이든 직접 눈으로 봐야 믿을 수 있다고 생각할 것이다. 회의적인 시각에도 장점은 있다. 우리는 비판적으로 사고하면서 모든 것을 평가하고 의문을 제기하며, 진실을 추구해야 한다. 나도 만사를 그렇게 접근하려고 노력하고 있으며 당신도 그래야 한다고 생각한다.

하지만 우리는 회의주의가 품고 있는 치명적인 단점을 제대로 인식하고 주의를 기울여야 한다. 회의주의는 쉽게 냉소주의로 변할 수 있다. 냉소주의는 우리를 위험할 만큼 불신에 젖게 하고, 다른 상황에서는 충분히 가능했을 일을 어렵게 만든다. 이 책에서 다루겠지만 기적의 유형에는 두 가지가 있다. 두 가지 기적을 한데 모아놓고 생각하는 것은 옳지도, 유익하지도 않다.

앞서 언급했던 기적은 '수동적'이고 '무작위'로 우연히 일어나는 것이다. 우리는 이런 믿기 힘든 기적에 경이로움을 느끼지만, 이 유형의 기적은 다시 일으킬 수도 없고 명확하게 설명할 방법도 없다(그리고 마이클 홈스와 도니 레지스터가 그 기적을 다시 겪고 싶어 하진 않으리라고 확신한다). 이런 기적은 우연의 일치로 보인다. 주로 '기도하고 기다리는' 수밖에 없는 기적을 일으키고 싶다면, 미안하지만 내가 알려줄 만한 게 별로 없다. 이 책에서는 이런 유형의 기적을 다루지 않는다.

이 책에서 다루는 기적은 눈에 보이고 측정 가능한 존재이며, 당신이 적극적으로 참여하면 충분히 일으킬 수 있는 존재다. 말하자면 가장 거대하고 이루기 힘든 목표를 실현에 옮기는 일과 비슷하다. 당신은 이 기적에 상당한 통제력을 발휘한다. 기적이 일어나는 원리를 이해하고 있기에 살면서 끊임없이 재창조할 수 있다는 뜻이다. 하지만 이런 기적을 일으키려면 우선 당신이 꿈꾸는 일이 실현 가능하며, 직접 이룰 수 있다고 믿어야 한다. 만약 당신이 회의주의자에 해당한다면 잠시 의심을 거두고 스스로 해낼 수 있는 일이 뭐가 있는지 찾아보길 바란다. 적어도 이 책을 읽는 동안에는 말이다.

자, 오해는 하지 않았으면 좋겠다. 말도 안 되는 일을 믿으라고 설득하고 싶은 생각은 없다. 내 목적은 자신의 의지대로 창조할 수 있는 기적, 지금껏 겪어보지 못한 기적을 가능하다고 느낄 수 있게 독자의 마음을 여는 것이다. 이번 장에서는 독자의 이해를 위해 눈에 보이고 측정 가능한 기적이 무엇인지 정의한 다음, 어떻게 하면 이런 기적이 일어나서 당신도 특별한 결과를 창조할 수 있을지 살펴볼 것이다. 그 과정이 끝난 후 믿고 안 믿고는 독자의 선택에 맡긴다.

눈에 보이고 측정 가능한 기적은 누구나 일으킬 수 있다

기적에 관해 이야기할 때 몇 가지 짚고 넘어가야 할 의문이 있다. 기적은 특별하거나 '선택된' 사람에게만 일어나는가? 기적은 반드시 무작위로 일어나는가? 하느님이나 고도의 지능을 지닌 신비로운 존재만 기적을 일으킬 수 있는가? 그렇지 않다면 누구나 자기 생각보다 훨씬 큰 잠재력과 무한한 가능성을 지니고 태어나는 것은 아닐까? 특정한 사람들이 크게 성공할 수 있었던 이유는 태어날 때부터 우리 모두에게 내재한 잠재력을 끌어낸 덕분이 아닐까? 한두 가지 결심만으로 그런 잠재력을 끌어낼 수 있다고 하면 어떨까?

그런 사실을 깨달으면 당신이 원하는 목표는 물론 삶 자체의 규모와 범위에 접근하는 방식이 바뀔 것이다. '평범한' 상태가 특별해지면 평범하다는 말에 담긴 기대치가 높아진다. 당신과 당신이 아는 사람 모두가 잠재력을 100% 끌어낸다고 상상해보자. 스스로 지운 한계를 극복할 방법을 깨닫고 이루고 싶은 것을 모두 이루며, 세상에 강력한 영향을 준다고 상상해보자. 사람들이 모두 기적 전문가가 된다면 어떻겠는가?

우리 주변에 있는 기적 전문가들

██████ 전문가^{maven}이라는 말은 '이해하는 사람'이라는 뜻을 지닌 이디시어 meyvn과 히브리어 mebhin에서 유래했다.

기적이라는 단어는 여러 가지로 풀이되고 있지만, 옥스퍼드 생활 영어 사전에 나온 '대단히 긍정적인 결과를 가져오는 놀라운 사건이나 국면'이라는 정의를 가장 유용하게 활용할 수 있다.

기적 전문가라는 말에는 두 가지 의미가 있다.

생각해보면 잠재력을 100%에 가깝게 끌어내고, 꿈을 현실로 이루는 재능을 지닌 사람이 몇 명 떠오를 것이다. 당신이 사적으로 아는 사람이든, 멀리서 지켜보며 존경하는 사람이든, 그들은 자신의 위대한 신념에 대해 다른 사람(본인 포함)들이 왈가왈부하도록 절대로 내버려두지 않는다. 이들에게서는 창의력과 인내심이 끊임없이 생겨나고, 기회도 얼마든지 찾아오는 것 같다. 어떻게, 그리고 왜 항상 운이 좋은 건지 궁금해질 법도 하다. 하지만 운이 이들의 성공과 거의 상관없거나 별다른 영향을 주지 않았다면 어떨까?

역사상 수많은 사람이 가시적이고 측정 가능한 기적을 활발하게 창조해왔다. 사람을 달에 보내겠다는 계획을 구상했던 미국 대통령 존 F. 케네디John F. Kennedy, 시민권 보호의 선구자로 모든 이에게 자유롭고 평등한 미국을 꿈꿨던 마틴 루서 킹 주니어Martin Luther King Jr. 등은 의도적으로, 그리고 적극적으로 기적을 창조한 인물의 표본이다.

다른 사람들이 이런 결과를 기도하며 그저 기다리기만 할 때 존 F. 케네디와 마틴 루서 킹 주니어는 발 벗고 나서서 기적을 현실로 만들었다. 불가능해 보이는 생각을 가시적인 현실로 탈바꿈시킨 것이다. 온 힘을 다해 꿈을 좇았고, 그 결과 아주 특별한 현실을 창조했다. 그들은 자신의 능력을 활용해서 기적 전문가가 될 수 있었다.

바로 그런 존재 방식 자체가 기적 전문가이다. 확고한 신념을 지니고 살면서 남다른 노력을 기울이면 당신도 기적 전문가가 된다. 유명한 기적 전문가들은 각계각층에 존재하며 그들이 이룬 성취―그리고 그들이 밟아온 삶의 여정―는 우리가 상상할 수 있는 모든 형태로 나타난다. 이들이 우리에게 알려진 이유는 한마디로 그들의 업적이 세상에 큰 영향을 주었기 때문이다. 유명한 기적 전문가에는 다음과 같은 인물이 있다.

- 자동차의 대중화로 이동의 혁명을 이끈 헨리 포드^{Henry Ford}
- 방사능 이론을 수립하고 여성으로는 최초로 노벨상을 받았으며, 또한 처음으로 노벨상을 두 번 수상하는 영광을 누린 마리 퀴리^{Marie Curie}
- 개인용 컴퓨터를 전 세계 수백만 가정과 사무실에 보급한 빌 게이츠^{Bill Gates}
- 여성으로서 처음 대서양을 혼자 횡단한 어밀리아 에어하트^{Amelia Earhart}
- 인류 최초로 달에 발을 디딘 닐 암스트롱^{Neil Armstrong}
- 클리블랜드 캐벌리어스팀을 이끌면서 60년 만에 처음으로 메이저리그 경기에서 챔피언십을 수상하여 클리블랜드에 기적을 일으킨 르브론 제임스^{LeBron James}
- 15세에 올림픽 선수가 되어 금메달을 23개 획득한 마이클 펠프스^{Michael Phelps}
- 스마트폰으로 모바일 시대의 문을 연 혁신의 아이콘 스티브 잡스^{Steve Jobs}
- 과학 기술 분야에서 기적을 일으켜 인류의 발전을 도운 일론 머스크^{Elon Musk}

태초부터 그들은 평범한 상태에 머무르는 사람들과 달리 가능하다고 인식되는 범위의 한계를 넘을 때까지 온몸을 내던졌다. 그들 역시 두려움과 불안을 극복해야 했다. 사람들은 모두 각자의 잠재력을 지니고 태어나지만, 어떻게 접근해야 하는지 몰라 그대로 방치하고 만다. 하지만 그들은 잠재력에 접근할 방법을 찾아냈다. 당신이 그 방법을 찾는 순간 모든 것이 바뀔 것이다.

우리는 각자 다른 환경에서 태어나지만, 누구나 끝없는 잠재력을 가지고 있다. 오히려 어려운 환경에서 태어나서 자기 삶을 특별하게 만들 방법을 발견한 사람들이 셀 수 없이 많다. 당신도 몇 명쯤 들어봤을 것이다.

작가 조앤 K. 롤링^{J.K. Rowling}은 《해리 포터》를 처음 쓸 당시 파산한 상태였고 극도로 궁핍했지만, 결국 《해리 포터》가 시리즈로 출간됐고, 영화 제작을 시작으로 놀이공원의 놀이기구, 장난감, 옷, 게임 등으로 만들어지며 최고의 인기를 얻었다. 그녀는 가뿐하게 억만장자 반열에 올랐다.

제이지^{Jay-Z}는 브루클린의 저소득층 주택단지에서 가난하게 자랐지만 전 세계적으로 유명한 래퍼이자 재계의 거물이 됐다. 제이지가 진출한 분야는 일부만 예로 들어도 부동산, 스포츠 바, 의류, 음료, 심지어 화장품 사업까지 있다.

오프라 윈프리^{Oprah Winfrey}는 어린 시절 몹시 가난했고 학대받으며 자랐지만 누구보다 성공하고 부유한 여성이 됐다. 오프라는 자신이 성공할 수 있게 해준 세상에 보답하고 미래 세대를 빈곤에서 벗어나게 돕겠다는 일념으로 저소득층 소녀들을 위한 자선 사업에 1억 5,000만 달러가 넘는 돈을 기부했다.

배우 실베스터 스탤론Sylvester Stallone은 직접 각본을 쓴 〈로키〉로 스타가 되기 전까지 단역을 전전하다가 잠시 노숙자 생활도 했지만, 결국 〈로키〉 시리즈는 유례없는 성공을 거두었다.

이와 같은 실제 사례는 책 한 권을 채우고도 남을 만큼 얼마든지 제시할 수 있다. 외부 환경은 당신의 잠재력을 가로막지 못하며, 과거가 미래를 좌우할 수도 없다는 점을 깨닫기 바란다. 먼저 이상적인 미래를 마음속에 명확하게 그린 다음, 그 미래가 가능하다는 믿음을 굳힐 필요가 있다(구체적인 방법은 앞으로 자세하게 다룰 것이다). 그리고 목표를 향해 움직여야 한다. 앞서 언급한 사람들이 바로 그렇게 행동했다. 그들은 스스로 원하는 목표와 미래가 가능하다고 판단하고, 현실로 옮기려면 무엇을 해야 하는지 알아내고, 성공이 확실해질 때까지 자신의 모든 것을 쏟아부었다. 물론 당신도 그렇게 할 수 있다.

당신이 이루고자 하는 목표가 꼭 세상을 바꿀 만큼 원대할 필요는 없다는 점을 기억하자. 크든 작든, 쉽든 어렵든 당신이 원하는 대로 하면 된다. 핵심은 자신에게 의미 있는 목표여야 한다는 점이다. 그 의미가 당신을 움직이는 동기로 작용한다.

나는 전작 《미라클 모닝》에서 10등급의 성공이라는 개념을 설명했다. 10등급의 성공은 한마디로 누구나 그리는 이상이다. 삶의 어떤 영역에서든 성공을 1부터 10까지 등급으로 매긴다면, 모든 부분에서 10등급을 달성하고 싶은 게 모두의 마음 아닐까. 10등급의 건강, 10등급의 행복, 10등급의 부. 그 무엇이든 말이다. 하지만 꼭 10등급을 달성하겠다는 목표를 세울 필요는 없다. 그저 매일 아침에 일어났을 때, 전날 밤 잠자리에 들었을 때보다 더 나은 사람이 되기 위해 노력하면 된다. 매일 자신의 한없는 잠재력을 자각하고 삶의 모든 영역에서 10등급의 성공을 이루도록 노력하면, 얼마든지 기회가 찾아올 테고 진정한 성취를 가능하게 할 기틀을 마련할 수 있다.

10등급의 성공을 이루려고 노력하는 과정에서, 성장하고 나아지려는 인간의 타고난 욕망을 추구하면서도 현재 삶이 얼마나 완벽한지 알아차리고 행복과 감사를 느끼면서 균형을 잡기는 쉽지 않다. 애초에 자신을 부족한 사람으로 생각하지 않고, 스스로 한계가 없으며 보여줄 게 많은 사람이라고 생각하는 게 중요하다. 여기에는 미묘하지만 엄청난 차이가 있다. 그리고 이런 차이가 기적 전문가를 만든다.

기적 전문가가 돋보이는 이유는 스스로 정의하는 10등급의 성공보다 항상 더 높은 성과를 이루기 때문이다. 그들은 언제나 자신에 대한 굳은 믿음을 잃지 않으며, 살면서 원하는 바를 이룰 수 있다고 확신한다. 또한 꿈에 대해 소극적인 자세를 취하지 않는다. 목표를 세워놓고 우두커니 바라만 보거나, 무의미하게 말로만 결심을 반복하면서 왜 아무 일도 일어나지 않는지 세상을 원망하며 누군가를 질투하지 않는다. 기적 전문가는 대다수 사람과는 다르게 생각하고 행동한다.

보통 사람들이 습관적으로 두려움과 자기 의심에 사로잡히지만, 기적 전문가는 신념으로 두려움을 극복한다. 무슨 일을 하든 성공할 수 있고, 당연히 그렇게 된다는 마음가짐을 지녔으면서도 실패했을 때는 그 사실을 금방 받아들이고 넘어간다. 그러므로 더 많은 기회가 따른다. 가끔 실패한다고 해도 성공할 확률은 여전히 높다.

세계적인 베스트셀러《나는 왜 이 일을 하는가?》의 저자이자 전략 커뮤니케이션 전문가로도 유명한 사이먼 사이넥Simon Sinek도 이와 비슷한 말을 했다. "항상 경기에서 이기는 사람이 챔피언은 아니다. 실제로 나서서 시도하는 사람이 챔피언이다. 그리고 다음번에는 더 치열하게 부딪힌다. … '챔피언'은 마음가짐이다. 그들은 전력을 다한다. 가장 훌륭한 사람과 경쟁하지 않더라도, 그에 못지않은 상대인 자신의 최선과 경쟁한다."

기적 전문가는 행동 역시 다르다. 그들은 결과를 얻으려면 노력해야 한다는 사실을 잘 이해하고 있다. 그래서 쉬운 길을 찾으려 하지 않고, 원하는 결과를 얻기 위해 필요한 일이라면 기꺼이 한다. 하지만 효율성도 중시하므로 목표를 빠르게 달성하기 위해 항상 정보나 요령을 습득하고, 심지어 지름길도 알아내려고 노력한다.

나는 이런 특징을 머릿속으로만 아는 것이 아니라 경험으로 배웠다. 기적의 공식을 어떻게 활용하여 자동차 사고로 사망 선고를 받은 후에 다시 걷게 됐는지, 파산 지경에 이르렀다가 경제적으로 회복했는지, 암울한 암 진단을 받고 나서 생존할 수 있었는지 뒤에 소개하도록 하겠다. 나는 이 책의 근간이 되는 두 가지 결심을 하고 계속 지켰을 뿐이다.

기적 전문가를 만드는 두 가지 결심

■■■■■■■   자기계발서에서는 원하는 대로 살지 못하게 방해하는 장애물이 무엇인지 수많은 답을 제시한다. 우리의 습관, 신념, 영향을 받는 집단, 체력, 끌어당김의 법칙,* 시간 관리, 정서 지능, 교육이나 교육의 결핍 등이다. 이 모든 것이 다소 거창하게 느껴지지만, 나는 이렇게 수백 개에 달하는 장애물을 두 가지 간단한 결심으로 단순화할 수 있다고 생각한다. 그 두 가지가 앞으로 남은

---

*   끌어당김의 법칙law of attraction: 19세기 미국의 신사상New Thought에서 주장한 개념으로, 생각에는 에너지가 존재하기 때문에 어떤 생각을 하느냐에 따라 인간의 삶도 바뀐다고 설명한다.-옮긴이

삶을 기적 전문가로 살 수 있을지 결정한다.

우리는 계속해서 이 결심을 하는 데 실패하고, 그 결과 원하는 것을 성취하지 못한다. 확고한 신념을 유지하겠다는 결심, 남다른 노력을 쏟겠다는 결심이 바로 그것이다. 살면서 진정으로 원하는 바를 이루지 못하는 이유는 신념이 부족하거나 필요한 만큼 노력을 기울이지 않았기 때문이다. 그뿐이다. 지나칠 정도로 단순한 얘기라는 걸 나도 알고 있다. 좀 더 자세히 살펴보자.

결심 1: 확고한 신념. 신념이라는 단어를 믿음, 확신, 소신 같은 단어로 대체해도 상관없다. 간단히 말해서 누군가 특별한 삶을 일구어낼 수 있었던 것은 스스로 할 수 있다는 신념을 세우고, 원하는 바를 이룰 때까지 그 신념을 버리지 않고 끊임없이 강화한 덕분이었다. 그러므로 그들의 신념은 확고하다.

이는 인간의 본성에 위배된다. 인간의 신념은 과거나 현재에 나타난 결과와 환경에 따라 달라지기 때문이다. 예전에는 극복하거나 이루지 못했지만 이제 성취할 수 있다는 신념을 가지려면 자신만의 안전지대를 넘어서 모험을 해야 한다. 지금보다 더 나은 자신의 모습을 보고, 실제로 증명하기 힘든 가능성을 상상해야 한다. 그런 신념을 구축하는 건 일반적이거나 자연스러운 일이 아니며, 당연히 자동으로 되지 않는다. 자신의 끝없는 가능성을 믿으려면 굳이 그렇게 하겠다고 의식적으로 결심해야 한다.

신념을 유지하는 일도 자연스럽지는 않다. 값진 성취는 무수한 장애물과 실패를 극복한 다음에야 얻을 수 있다. 대부분의 사람이 장애물과 실패 때문에 신념을 포기하고 원하는 바를 더는 이루려고 하지 않는다. 그러므로 기적을 일으키려면 두 번째 결심이 필요하다.

◉ 현실 속 기적의 공식 사례

롭 다이얼Rob Dial은 2006년 내가 코칭을 시작하던 무렵에 만난 초기 고객이며, 그 이후 친구이자 동료가 됐다. 롭은 놀라운 방식으로 기적의 공식을 적용해서 경제적 자유를 얻었을 뿐 아니라 세상에도 큰 영향을 주었다.

내 오랜 친구이며 사업 파트너인 존 버그호프Jon Berghoff(나중에 다시 언급할 것이다)와 나는 매년 '생애 최고의 해(청사진)' 체험 행사를 열고 있다. 이 행사에서는 혁신적인 프로세스를 통해 사람들이 앞으로 다가올 열두 달을 그 어느 때보다 뜻깊은 한 해로 보낼 수 있도록 돕는다.

롭은 이 행사에 참여하면서 자기 삶의 목적을 깨달았다. 사람들이 진정한 잠재력을 발휘하지 못하게 가로막는 고통에서 어떻게 자유로워질 수 있는지 가르치는 일이 그것이었다. 롭은 곧 팟캐스트를 개설했으며, 8주도 되지 않아서 10만 건이 넘는 다운로드 수를 기록했다. 가슴 뛰는 성과였지만, 롭은 당시의 직업을 사랑했고 연봉 역시 백만 달러 단위였다. 롭은 두 가지 일을 병행할 수 없다고 판단하고, 자신의 사명에 확고한 신념을 발휘해서 직업을 버리고 삶의 목적에 뛰어들기로 했다.

롭은 사람들이 좋아하고 공유하고 싶어 할 콘텐츠를 창조하려고 남다른 노력을 기울였고, 14개월 만에 백만 명이 넘는 사람들이 그의 SNS를 팔로우했다. 2017년만 해도 5억 명 이상이 롭의 페이스북 페이지에서 영상과 콘텐츠를 시청했다. 롭은 백만 달러 단위의 연봉을 포기했지만, 14개월 안에 그만한 수입을 벌어들였고 2년째 되던 해에는 전해 수입의 300%가 넘는 돈을 벌었다. 이렇게 롭은 기적의 공식을 적용하고 기적 전문가가 된다는 것이 무엇인지 몸소 체험했다.

결심 2: 남다른 노력. 노력을 대체할 비슷한 단어에는 일, 생산성, 매진, 행동 등 여러 가지가 있다. 의미 있는 목표를 달성하고

10등급의 삶을 살아가는 사람들은 궁극적으로 원하는 결과가 나올 때까지 필요한(보통 남다른) 노력을 기울인다. 앞으로 이 책에서 다루겠지만 남다른 노력이라고 해서 꼭 힘들 필요는 없다. 하지만 에너지를 쏟아야 한다. 그 노력이 남달라야 하는 이유는 오랜 시간 계속해야 하기 때문이다. 그리고 노력이 없으면 신념을 북돋울 연료가 금세 바닥나버린다.

안타깝지만 이런 유형의 노력도 자연스럽게 지속되지는 않는다. 사람들은 일반적으로 장기적인 성공과 성취를 단념하고 단기적인 즐거움을 고르는 경향이 있다. 말 그대로 쉬운 일을 하면 편하므로 올바른 일을 하기가 힘들어진다.

인간의 본성은 사람들이 돈을 벌어도 머리 위에 지붕을 유지할 만큼은 되지만, 성공하기에는 충분하지 않은 상황에서 벗어나지 못하게 한다. 예컨대 음식을 먹을 때도 순간의 허기를 해소하거나 그저 먹고 싶다고 머릿속에서 떠오르는 메뉴를 골라 먹는 즐거움만을 얻고, 우리 몸에 필요한 좋은 영양소와 건강을 포기한다. 우리는 부를 창출하고 모든 이가 꿈꾸는 경제적 자유를 가져다줄 목표와 꿈을 추구하는 대신, 매달 꼬박꼬박 나오는 안정적인 급여를 받기 위해 회사에서 성취감 없는 일을 처리하는 데 급급하다.

내가 당신의 기본적인 본능과 대립하는 결심을 하라고 요구한다는 사실을 잘 알고 있다. 타고난 본능을 어떻게 거스르라는 건지 의심스럽더라도 내 말을 끈기 있게 들어주기 바란다. 이제 인간의 본성을 극복해서 결국에는 자연스럽게, 자동으로 인생을 바꾸는 결심을 할 수 있는 방법을 소개할 것이다.

확고한 신념과 남다른 노력의 순환 고리

■■■■■■ 누구나 그런 경험이 있다. 새롭게 목표를 세우고 가슴이 두근거린 경험 말이다. 목표를 이루면 어떤 모습일지, 어떤 기분일지 명확한 이미지를 그려본다. 이 과정을 통해 무엇을 해야 하는지도 정확히 알 수 있으며, 가능성을 의심하는 일도 서서히 줄어든다. 우리는 첫발을 내디디고 순조롭게 진행한다. 그러다가 갑자기… 쿵 하고 멈춘다.

뜻밖의 장애물에 부딪힌 것이다. 기대하는 만큼 결과가 빨리 나오지 않는다. 가고 싶은 회사에 이력서를 냈는데 아무런 답신도 없다. 여유 시간을 이용해서 블로그를 하려고 했는데 상사가 갑자기 새로운 업무를 준다. 신제품을 출시했지만 기대했던 속도로 팔리지 않는다. 이런 장애물에 부딪힐 때 기적의 공식을 계속 지키기가 힘들어진다. 더 큰 장애물이 나타날수록 좌절감은 더 커지기 마련이다. 그러면 마음이 약해져서 공식을 창문 밖으로 던져버리고, '익숙한 기존의 삶'으로 돌아가기 쉽다.

기대했던(즉, 원했던) 결과가 나오지 않으면 신념이 약해지는 현상은 자연스러운 과정이다. 신념을 잃자마자 목표 달성에 필요한 노력도 중단된다. 누구나 이런 질문을 한두 번쯤 해봤으리라. 스스로 목표를 달성할 수 있을지조차 의심스러운데 시도가 무슨 의미가 있을까?

확고한 신념과 남다른 노력은 각기 독립적으로 제 몫을 하면서도 서로 보조한다. 두 가지를 다르다고 인식하기보다 하나의 원이나 바퀴로 보는 게 더 현명한 시각이다. 둘은 함께 작용한다. 목표를 달성할 수 있다는 확고한 신념을 지니면, 신념을 행동으로 옮길 내부적인 추진력, 즉 남다른 노력을 끌어낼 수 있다. 그렇게 노력하다 보면 응당 해야 할 일이라는 느낌이 생기고 신념이 강해진다. 두 가지 결심이 궤도에 오르면 공식이 작동한다.

하지만 하나라도 길을 벗어나면 전체 과정이 서서히 멈춘다. 왜냐하면 둘은 서로 피드백을 주고받으며 작동하기 때문이다. 자신의 삶, 목표, 꿈, 인간관계에 이르기까지 무엇이든 확고한 신념으로 접근하고 남다른 노력을 기울인다면 순환 고리는 멈추지 않는다. 그래야 계속해서 기적을 일으킬 수 있다. 이것이 기적 전문가로 살아가는 방법이다.

모든 일이 술술 풀리는 운 좋은 사람

███████ 물론 나도 알고 있다. 기적은 불가사의한 존재가 아니라고 말한 지 얼마 안 됐다는걸. 이제 그 말을 조금 되돌려볼까 한다. 두려움과 자기 의심을 극복하고 적극적으로 확고한 신념을 추구하며, 남다른 노력을 쏟지 못하게 방해하는 비생산적인 습관이나 게으른 성향을 버리면, 금세 자기 능력을 100% 활용할 수 있고 주변에 널린 기회와 공시성*이 보이기 시작한다. 다시 말해 스스로 하겠다고 마음먹으면 달성하고야 마는 것이 제2의 천성이 되는 것이다. 외부의 시각으로는 이런 사람은 운이 좋았던 것처럼 보인다.

사람들은 기적 전문가를 경이로운 눈으로 바라보며 심지어 질투를 느끼기도 한다. 모든 일이 잘 풀리는 운 좋은 사람이라고 생각한다. 신앙심이나 영적인 믿음을 지닌 사람들은 그 성공의 원인을 신이나 영적인 존재에 돌린다. 회의주의자는 우연의 일치로 치부한다.

원하는 대로 이름을 붙이고, 누구에게 공을 돌려도 상관없지만 의심은 금물이다. 받아들여야 한다. 현상 속에 존재하는 진실과 단순성을 봐야 한다. 또한 커다란 꿈을 이루거나 특별한 결과(기적)를 창조하겠다고 마음먹었다면, 그 과정이 어떨지 미리 짐

---

* 공시성synchronicity: 칼 구스타프 융Carl Gustav Jung이 주창한 개념으로, 동시에 다른 장소에서 일어나는 사건에 서로 연관이 없어 보이지만 알고 보면 의미가 있다는 것.-옮긴이

작할 수는 없다는 사실을 기억해야 한다. 목표로 향하는 여정에서 예기치 못한 길, 도전, 관계 그리고 교훈을 통해 새로운 기회를 발견할 수 있으며 그 결과 또 다른 배움과 기회로 이어질 수 있다.

언제 어디에서 그런 운이 나타날지는 예상할 수 없다. 하지만 기적의 공식에 따라 살수록 운이 좋아진다는 사실만은 믿어도 좋다. 오랜 시간 남다르게 노력하며 확고한 신념을 유지하면서 직접 도전하고 기적을 일으키면, 더욱 뜻밖의 귀한 자원이 나타난다. 그때 사람들이 당신을 보며 모든 게 술술 풀리는 운 좋은 사람이라고 생각할 것이다.

내가 하는 이야기는, 나는 물론 이 책에서 앞으로 언급할 사람들이 직접 겪은 일을 바탕으로 한다. 기적의 공식에 따라 살면 대부분 생각지 못했던 방식으로 기적—가능하다고 생각했던 수준을 뛰어넘는 결과—이 일어난다. 당신이 지금 인지할 수 있는 영역을 넘어서고, 예상하거나 계획한 적 없는 미지의 힘과 자원이 나타나서 기적을 하나하나 함께 일으켜나간다. 이런 기적은 우연한 기회가 생기거나 뜻밖의 사람을 만나거나, 단순히 절묘한 시간에 바로 그 장소에 있게 되는 형태로도 나타난다.

독자가 속으로 의심하는 소리가 여기까지 들린다. '할, 말도 안 돼요. 인지 영역을 벗어난 미지의 힘과 자원이라고요?' 이해한다. 확실히 정신 나간 이야기 같기는 하다. 그렇다고 해도 꼭 한 번

이렇게 도약해야 한다. 모든 기적 전문가들이 살면서 어느 시점엔가 똑같이 도약했기 때문에, '운'이 좋아서 성공했다는 이야기를 우리는 계속 듣게 되는 것이다. 가끔 보이지 않는 존재를 믿어야 할 필요도 있다. 나는 살면서 마법과 기적을 경험할 사람에게만 그 존재를 믿으라고 하고 싶다.

앞서 언급했듯 기적의 공식은 설명하기 쉬운 개념이지만, 공식을 실현할 방법을 이해하는 사람은 별로 없다. 확고한 신념과 남다른 노력이라는 두 가지 결심은 복잡하지 않은 개념이며, 결합하고 유지됐을 때 대단히 놀라운 성과를 창출한다. 하지만 두 결심을 실행에 옮길 때는 타고난데다 학습까지 한 자연스러운 성향을 계속 거슬러야 하므로 절대 단순하지 않다. 그러므로 우리 사회에서 공식을 적용하는 법을 이해하는 사람이 많지 않고, 반복해서 실행에 옮길 수 있는 사람은 더 드물다.

확고한 신념이 기본적인 사고방식으로 굳어지고, 남다른 노력을 일상에서 자동으로 실천하는 소수의 사람이 모인 기적 전문가 그룹에 독자 여러분을 초대한다. 가시적이고 측정 가능한 기적을 일으키려면 무엇이 필요한지 이제 이해했을 것이다. 거기서 한발 나아가서 그 방법을 어떻게 적용하는지 이해하는 것은 여러분의 몫이다.

다음 장에서는 내가 기적의 공식을 우연히 깨달았던 일화를 소개할 것이다. 처음으로 가시적이고 측정 가능한 기적을 일으

키고, 다른 사람에게도 그 방법을 가르치기 시작했던 사연을 들려
주고자 한다. 이 아이디어가 모두 어디서 어떻게 시작했는지 살펴
보자.

2장:

**단순한 가능성에서 있음직한 일로,
그리고 반드시 이뤄질 현실로**

◇◇◇◇◇◇◇◇

기적의
공식을
발견하다

기적에 가까운 수준으로 번영하고 싶다면,
낡은 사고방식을 버리고 살면서 어떤 경험을 할 수 있을지
새롭게 상상할 수 있어야 한다.
_ **웨인 다이어 박사**Dr. Wayne Dyer

이제 겨우 2장에 접어들었지만, 먼저 고백할 일이 있다. 기적의 공식을 만든 사람은 내가 아니다. 이 책은 수백 년 전에 나올 수도 있었다. 물론 나는 그때 태어나지도 않았으니 다른 사람이 썼을 것이다. 다른 기적 전문가가 이런 책을 썼을 가능성이 얼마든지 존재한다. 정확히 말해두지만, 나는 이미 존재하던 기적의 공식을 발견한 뒤 이름만 붙였다. 역사적으로 전 세계 각계각층에서 놀라운 결실을 거둔 창작자나 성취자들이 이미 이 공식을 활용했다. 다만 이름을 붙이지 않았을 뿐이다.

어린 시절 가장 좋아했던 농구 선수인 마이클 조던Michael Jordan
이 시카고 불스팀에서 경기할 때, 코치인 필 잭슨Phil Jackson이 4쿼터에서 "스카티(피펜), 공을 마이클에게 넘겨줘. 마이클은 공을 왼

쪽으로 던지는 척하다가 코트를 가로질러서 기적의 공식을 적용하고 승리해!"라고 말하는 걸 직접 듣진 못했다. 마찬가지로 마틴 루서 킹 주니어가 인권 운동을 발전시키려고 기적의 공식을 활용해서 설교하는 걸 들었거나, 일론 머스크가 같은 공식을 이용해서 화성에 인간이 살 수 있는 도시를 건설하겠다는 꿈을 이루고자 했다는 글을 읽은 사람은 아무도 없다.

하지만 스스로 깨달았든 아니든, 그들은 기적의 공식을 사용해서 특별한 결과를 창조했다. 공식에 맞춰 살아가면 자신의 능력을 한껏 활용해서 어떤 영역에서도 10등급의 성공을 달성할 수 있다. 오히려 그러지 않기가 불가능하다.

내게 기적의 공식이 찾아온 배경을 소개한다. 직장에서 판매 기록을 깨고 싶었던 내 의지가 기적의 공식을 불러왔다. 그 목표가 불가능하리라 생각했지만 진심으로 달성하고 싶었다. 나는 쉬운 길을 가려는 인간의 자연스러운 본성을 거부하고, 더 어려운 길로 뛰어나갔다. 그 과정에서 그때까지 접했던 그 무엇보다 가치 있는 삶의 교훈을 얻었다.

나는 대학을 졸업한 뒤 고급 식기구를 방문 판매하는 '컷코Cutco'에 영업사원으로 취직했다. 일을 시작할 무렵에는 판매 경험이 전혀 없었고, 그동안 평균 수준 혹은 민망할 정도로 시시한 수준 사이에서 무기력하게 살아왔다. 학창 시절 평균 성적은 C였고 단체 운동은 하지 않았으며, 동호회에 가입한 적도 없고 학교에서는 괴롭힘을 당했다. 내가 세운 기록이라고는 요세미티 고등학교에서 한 학년 동안 방과 후 학교에 남는 벌을 가장 많이 받았던 학생이라는 것뿐이었다. 혹시 궁금해할까 봐 밝히자면 총 178회였다. 결코 부모님이 자랑스러워할 만한 업적이라고는 할 수 없다.

컷코에서 뛰어난 지도자와 멘토들의 지원과 가르침에 힘입어 한 번도 경험하지 못한 자신감(그리고 실력)이 내 안에서 싹트기 시작했다. 나는 스스로 다그쳐가며 더 열심히 일했다. 더 높은 목표를 달성하려고 노력했다. 그 결과 스스로 가능하다고 생각했던 수준보다 훨씬 더 훌륭한 사람이 될 수 있었고, 금세 회사에서 손꼽히는 우수 영업사원으로 발돋움했다.

내가 이렇게 발전할 수 있었던 한 가지 방법은 '프로모션 기간'에 판매 기록을 깨는 것이었다. 컷코에서는 14일간 판매 경진 대회를 열어 영업사원 사이에 우호적인 경쟁을 장려한다. 트로피와 상을 내걸고 수천 명의 영업사원과 관리자들을 독려하고, 영업사원 및 그가 속한 영업소 그리고 회사의 판매 실적을 올리려는 것이다. 그 프로모션 기간 동안 내 안에서 큰 깨달음이 생기고 기적의 공식이 탄생할 수 있었다.

기적을 만들어낸 프로모션 기간

■■■■■ 2001년 2월, 스물한 살이던 나는 2회 연속으로 판매액 2만 달러 달성에 성공했다. 52년간 이어져온 회사의 역사상 이를 달성한 사람은 손에 꼽힐 정도로 드물었다. 다음 프로모션 기간이 다가오면서, 나는 회사에서 처음으로 3회 연속으로 2만 달러를 달성한 영업사원이 되겠다는 목표를 세우고 있었다.

아침 10시, 지난주 주문을 입력하려고 캘리포니아의 프리몬트에 있는 영업 사무소에 가는 길이었다.

"안녕, 할!" 내 영업 관리자 프랭크 올도배디[Frank Ordoubadi]가 로비에서 힘차게 하이파이브를 하며 말했다. "이번 프로모션 기간은 준비 잘했어?"

나는 숨을 깊이 들이마시고 눈을 크게 뜨고 입술을 깨물며 대답했다. "저 단단히 마음먹었어요, 신기록을 수립하려고요. 방법은 모르겠지만 앞으로 14일 동안 2만 달러어치를 판매할 거예요."

"우와!" 프랭크가 싱긋 웃었다. "그 수치를 세 번 달성하는 사람은 네가 최초일걸. 알지?"

나는 고개를 끄덕였다. "알아요. 정말 초조해요."

프랭크의 얼굴이 진지해졌다. "그런데 이번 프로모션 기간이 10일밖에 안 되는 거 알고 있지? 콘퍼런스가 일찍 열릴 예정이어서 14일을 채우진 못할 거야."

나는 프랭크를 쳐다봤다. "농담이죠?"

"미안해, 할." 프랭크는 이런 말을 해서 미안하다는 표정으로 말했다. "너도 아는 줄 알았는데."

"잠깐만요, 그러면 이번 프로모션 기간에는 판매 기록이나 순위를 매길 때 정규 프로모션으로 치지 않는다는 뜻이에요?" 나는 짧은 프로모션 기간을 건너뛰고 다음번에 있을 완전한 14일 동안에 기록을 수립하고 싶었다.

"아니, 안타깝지만 이번 기간도 다른 때와 똑같이 계산할 거야."

나는 심장이 내려앉는 듯했다. 지난 몇 주 동안 14일 만에 2만 달러를 어떻게 채울지 머리를 쥐어짜던 참이었다. 그 역시 쉬운 목표는 아니었다. 그런데 겨우 10일이라고? 아무리 목표를 달성하려고 해봤자 의미도 없고 불가능한 일이라는 생각이 들었다.

한밤중에 새로운 깨달음을 얻다

■■■■■■   그날 밤, 나는 침대에서 이리저리 뒤척이며 어떻게 해야 할지 고민했다. 10일 만에 2만 달러의 매출을 올리는 도전은 내가 지금까지 이뤘던 성과를 뛰어넘는 일이었다. 논리적으로 따져봤다. 목표를 1만 5,000달러나 1만 달러로 낮춰야 하지 않을까? 아니면 이번에는 빠지는 게 좋을까? 두려움과 의구심이 머릿속을 질주했다. 이 목표를 어떻게 달성할 수 있을까?

자기 의심이 강해질수록 오히려 머릿속은 명쾌해졌다. 내 멘토였던 댄 카세타^{Dan Casetta}가 작가이자 현대 철학자인 짐 론^{Jim} Rohn에게 얻은 교훈을 내게 들려준 적이 있다. "목표를 세우는 목적은 그것을 달성하는 것 자체가 아니다. 결과와 상관없이 자신이 지닌 모든 것을 쏟아부어서 어떤 목표라도 이룰 수 있는 사람이 되는 것이다. 실제로 어떤 목표든 달성하는 것보다 그 과정에서 자신이 어떤 사람이 되는지가 훨씬 중요하다."

나는 잠시 그 말을 음미했다. 분명히 예전에 댄과 함께 그 말에 대해 이야기했지만, 지금 내게 더 깊은 의미가 있는 듯했다. 목표를 낮추지 않으면 어떨까? 10일 안에 2만 달러어치를 판매한다는 게 불가능해 보이긴 하지만, 결과와 상관없이 그 목표를 바꾸지 않고 내가 가진 전부를 쏟는다면? 그렇게 해서 앞으로 모든 목표를 달성할 수 있는 사람이 될 수 있지 않을까? 내가 2만 달러라는 실적을 올리기로 마음먹고 온 힘을 기울인다면, 결과가 어떠하든 가장 큰 성과는 목표 달성이 아니라 그 목표를 이루려고 시도하는 과정에서 발전하는 내 모습이 될 것이다. 그러면 실패할 수가 없다. 그렇지 않은가? 그렇고말고! 나는 10일 안에 2만 달러의 매출을 올리기로 마음먹었다.

침대에서 일어나 앉아서 옆에 있는 등을 켰다. 내 머릿속에서 다양한 아이디어가 솟아났다. 거의 불가능해 보이는 목표를 달성할 방법을 생각해야 했다. 그렇게 한밤중에, 그것도 침대에서 나는 프로모션 기간을 하나하나 뜯어서 생각했다. 그리고 10일 후의 시점을 상상하면서 자문했다. 10일 후 2만 달러의 실적을 달성했다고 하면, 지금과 그 시점 사이에는 무슨 일을 해야 할까?

10일은 무척 짧은 기간이므로 실패할까 봐 두려워질 것이 분명했다. 어떻게 두려움과 싸워야 하지? 대답은 간단하다. 목표를 달성할 수 있다고 믿고, 끝까지 믿음을 유지해야 한다. 그러려면 특히 일진이 사납거나 결과가 별로 좋지 않을 때일수록 끊임없이 해낼 수 있다고 스스로 되뇌어야 한다.

이렇게 초기에 지녔던 믿음이 확고한 신념으로 진화했다.

그다음에는 결과가 잘 풀리지 않을 때 과연 목표를 이룰 수 있을지 의심하고, 계속 밀고 나가려는 동기가 자연스럽게 줄어드는 과정을 상상했다. 그 무력감과 싸우려면 결과와 상관없이 마지막 순간까지 내 모든 것을 쏟아야 한다. 즉 10일 동안 변함없이 최대한 노력해야 한다.

이 다짐은 남다른 노력이 됐다.

나는 곧 프로모션 기간 동안 지켜야 할 두 가지 결심을 했다.

결심 1: 이 기간 동안 무슨 일이 있어도 2만 달러 목표를 달성한다는 확고한 신념을 세우고 계속 지킬 것이다. 다른 선택은 없다.

결심 2: 마지막 가능한 순간까지, 결과와 상관없이 하루도 빠짐없이 남다른 노력을 기울일 것이다.

나는 침대 옆 탁자에 노트를 펼친 다음 두 가지 결심을 모두 적고 마음을 굳게 먹었다. 그리고 쉽게 기억할 수 있고 매일 반복해 외우면서 언제든 떠올릴 수 있도록 한 문장으로 합쳤다. '프로모션 기간에 2만 달러의 판매 실적을 달성한다는 확고한 신념을 지키고, 무슨 일이 있어도 목표를 이룰 때까지 남다른 노력을 기울일 것이다.'

여전히 두렵긴 했다. 솔직히(당신이 직접 기적의 공식을 적용할 때는 이 점을 꼭 염두에 두어야 한다) 10일 동안 실제로 2만 달러어치를 팔 수 있으리라고는 믿지 않았다. 물론 가능하다고는 생각했지만 현실성은 없어 보였다. 가장 큰 목표에는 보통 현실성이 없기 마련이고, 그렇기 때문에 기적이 된다. 그래도 나는 전심전력하기로 단단히 결심했다.

계산법은 단순하다. 10일 안에 2만 달러의 실적을 올리고 싶으면 하루에 평균 2,000달러씩 판매하면 된다. 즉 7일 만에 1만 4,000달러를 넘겨야 한다. 하루에 2,000달러어치를 팔아본 적이 있느냐고? 물론이다. 그럴 때면 항상 자축했다. 2,000달러는 상당한 금액이고 그 정도 실적을 올린 날은 드물었기 때문이다. 2,000달러를 넘기는 날은 내겐 꽤 운 좋은 날이었다. 그러니 10일 연속으로 2,000달러를 달성하는 건 대단한 성과였다.

프로모션 기간을 시작하면서 운이라곤 전혀 찾아오지 않았다. 첫 주는 기복이 심했고, 주말쯤에는 목표 달성에 필요한 금액 가운데 겨우 반만 채웠을 뿐이었다. 실적은 7,000달러에 불과한데 기한은 3일밖에 남지 않았으니, 두려워했던 상황이 현실이 된 셈이었다. 하지만 목표를 낮출 생각은 없었다. 무슨 일이 있어도 마지막 가능한 순간까지 모든 것을 바치리라 결심했기 때문이다. 프로모션 기간이 3일 남았던 날, 나는 첫 미팅을 하러 길을 나섰다. 운전하면서도 계속 주문을 외웠다. '프로모션 기간에 2만 달러의 판매 실적을 달성한다는 확고한 신념을 지키고, 무슨 일이 있어도 목표를 이룰 때까지 남다른 노력을 기울일 것이다.' 흥미롭게도 계속 말을 할수록 믿음은 더 커졌다.

그날 총 6번에 걸쳐 컷코 제품을 소개하고, 3,000달러가 넘는 매출을 올리며 하루를 마감했다. 이제 남은 프로모션 기간에 1만 달러가 남았다는 뜻이다. 덕분에 내게는 절실했던 동기부여가 됐고 다시 의욕이 생겼다. 그때 몰던 차를 길가에 댄 다음 내가 작성한 전화번호부를 꺼내서 전화를 돌렸다. 저녁 7시여서 전화하기에 가장 좋은 시간대였다. 남은 이틀 동안 어떻게 1만 달러를 메울지에 대한 걱정은 뒤로하고 전화에만 집중했다.

그다음 이틀도 비슷했다. 화요일 매출은 3,238달러였고 수요일에는 4,194달러어치를 팔아서 총 1만 7,024달러의 실적을 올렸다. 꽤 고무적인 성과였지만, 다음 날 아침 7시에 샌프란시스코에 열릴 콘퍼런스에 참석하기 위해 팀원들이 만나서 함께 가기로 했기 때문에 시간이 없었다.

정말 그럴까?

나는 목표에 못 미친 채로 포기하기 아쉬워서 프랭크에게 전화했다. 콘퍼런스에 가기 전에 두어 군데 약속을 더 잡고 싶으니 카풀을 하지 않아도 되느냐고 물었다. 프랭크는 내 열정에 감탄하며 그러라고 했다.

즉시 전화번호부를 꺼내서 번호를 눌렀다. 40분 만에 다음 날 아침 약속을 두 건 잡았다. 남은 3,000달러를 미팅 두 번 만에 채울 가능성은 희박했고 누구나 비현실적이라고 생각하겠지만, 아예 불가능한 일은 아니었다. 게다가 덤으로 내 좋은 친구이자 동료인 애덤 커책^{Adam Curchack}과 함께할 수 있었다. 애덤은 그날 저녁 내게 전화해서 자신이 내일 그 동네에 있을 예정인데 미팅에 함께 가자고 했다.

다음 날 아침 애덤과 함께 첫 미팅에 갔다. 나는 얼마나 초조했는지 모른다. 과연 이 꿈이 이뤄질까? 천천히 고속도로를 달리면서 차창을 내렸다. 애덤이 조수석에 있든 말든 나는 크게 주문을 외웠다. "프로모션 기간에 2만 달러의 판매 실적을 달성한다는 확고한 신념을 지키고, 무슨 일이 있어도 한눈팔지 않고 목표를 이룰 때까지 남다르게 노력할 것이다! 프로모션 기간에 2만 달러의 판매 실적을 달성한다는 확고한 신념을 지키고, 무슨 일이 있어도 한눈팔지 않고 목표를 이룰 때까지 남다르게 노력할 것이다!" 말을 거듭할수록 믿음이 커졌다. 애덤은 배꼽을 쥐고 웃었다. 비장하게 소리치는 모습이 우습기도 했을 것이다.

우리는 7시 58분에 햄머링 부인이 사는 집의 진입로에 들어 갔다. 나는 뒷좌석에서 10개가 넘는 날카로운 부엌칼이 든 군청색 컷코 가방을 들고 애덤과 함께 대문 앞에 섰다.

똑, 똑.

드디어. 내 손바닥에 땀이 찼다. 심장이 빠르게 뛰었다. 깊이 숨을 들이마시고 애덤 쪽을 봤다가 속으로 마지막 주문을 외웠다. '프로모션 기간에 2만 달러의 판매 실적을 달성한다는 확고한 신념에 전념하고, 무슨 일이 있어도 한눈팔지 않고 목표를 이룰 때까지 남다르게 노력할 것이다.'

아무런 대답이 없기에 다시 한 번 벨을 눌렀다. 딱히 뭘 보겠다는 생각은 없었지만 진입로와 집 앞을 둘러봤다. 햄머링 부인이 덤불 속에 숨어 있나? 나는 또 벨을 울렸다. 여전히 답이 없었다. 차로 돌아와서 휴대전화로 햄머링 부인의 집 전화에 전화를 걸었다. 내가 아는 번호는 그것뿐이었다. 한 번 더 전화했지만 여전히 답이 없다.

가슴이 철렁 내려앉았다. 이럴 수가!

우리는 30분을 기다렸다. 그동안 집으로 몇 번 더 전화했지만 여전히 무응답이었다. 영업사원들이 말하는 '노쇼'였고, 더할 나위 없이 좋지 않은 타이밍이었다. 나는 숨을 크게 들이마신 뒤 애덤과 함께 차를 타고 마지막 미팅 장소로 향했다. 목표를 달성할 마지막 기회가 될지도 몰랐다. 우리는 한 시간 일찍 도착해서 길가에 주차했다.

그동안 나는 좌불안석이었다. 생각할 시간이 너무 많아진 것이다. 다시 두려움이 밀려들었다. 스스로 의심하기 시작했다. 어떻게 이럴 수가 있지? 지금까지 할 수 있는 건 모조리 다 했다. 확고한 신념을 지켰다. 남다르게 노력했다. 그리고 지금 모든 결과가 다음 약속에 달려 있다. 마지막 미팅 말이다. 속이 울렁거렸다. 나는 머릿속으로 기적의 만트라를 외우면서 마침내 캐럴 존스 부인이 사는 집의 문을 두드렸다. '프로모션 기간에 2만 달러의 판매 실적을 달성한다는 확고한 신념을 지키고, 무슨 일이 있어도 한눈팔지 않고 목표를 이룰 때까지 남다르게 노력할 것이다!'

30초 후에 문이 열렸다. 하느님 감사합니다. 40대쯤으로 보이는 금발 부인이 나타났다.

"무슨 일이시죠?" 부인의 스웨덴 억양에 허를 찔리는 것 같았다. 전화로 들었던 목소리가 아니었다.

"캐럴 씨 맞으세요?" 내가 물었다.

그럴 리가 없다. 캐럴이 아니었다. 부인은 캐럴의 시누이였고 며칠 후에 있을 남동생의 50세 생일잔치에 참석하려고 스웨덴에서 미국으로 왔다. 부인이 캐럴에게 전화했더니, 캐럴은 우리 약속을 깜빡하고 다른 곳에 갔다고 했다. 시간 맞춰 돌아오기는 힘들었다. 부인이 내게 물었다. "제가 뭐 도와드릴까요?"

나는 잠시 생각했다. 동생의 50세 생일을 축하하려고 스웨덴에서 휴가차 온 사람이 칼을 살 리가 없지 않은가? 그것도 3,000달러나 되는 칼을 말이다. "고맙지만 괜찮습니다."

애덤이 헛기침을 하더니 내 쪽으로 몸을 기울였다. "할. 난 네 프레젠테이션을 보려고 지금까지 차를 타고 따라왔어. 이 상냥한 부인께서 괜찮다고 하면 난 꼭 보고 싶은데."

나는 온몸에 소름이 돋는 걸 느끼며 애덤을 바라봤다. 시간이 멈춘 듯했다. 가능성이 남아 있는 최후의 순간은 아직 오지 않았고, 이 친절한 부인이 도와주겠다고 하지 않는가. 어쩌면 애덤은 내게 그 점을 떠올리게 해주려고 한 건 아닐까?

나는 부인에게 말했다. "사실은 도와주셨으면 하는 게 있어요. 오늘 캐럴에게 고품질 주방용 식기구를 소개하기로 했는데, 이 미팅이 저한테는 이번 주 마지막 약속이거든요. 부인이 제 제품 소개를 들어주시면 미팅 횟수를 채울 수 있어서 정말 감사할 것 같아요. 혹시 괜찮으시겠습니까?"

놀랍게도 스웨덴에서 온 시누이가 관심을 보였다. "그럼요, 어서 들어오세요!"

대문으로 들어서면서 애덤이 내게 미소를 지었다. 나는 조용히 마음속으로 애덤에게 감사했다. 그동안의 남다른 노력을 마무리하겠다는 일념으로, 그 어느 때보다 정성스럽게 컷코의 제품을 소개했다.

나는 60분 후에 프레젠테이션을 마무리하면서 부인에게 혹시 컷코 제품 세트를 구매할 마음이 있냐고 물었다. 그녀는 믿기지 않는 대답을 했다. "할, 타이밍 한번 기막히네요. 지난주에 스웨덴에서 남편이랑 좋은 부엌칼을 사려던 참이었는데, 여기 미국에 다녀와서 생각해보자고 했었거든요. 게다가 남동생 생일에 무엇을 선물하면 좋을지 온 가족이 고민만 하고 아직 결정을 못 하고 있었어요. 동생은 요리하는 걸 좋아하니까 선물로 제격이네요."

어쩌면 이런 일이 다 있을까? 도저히 믿기지 않았다. 나는 회심의 미소를 짓고 고개를 끄덕였다.

"좋아요, 구매하죠. 하나는 우리 부부, 또 하나는 동생 생일 선물로 종합 세트를 두 벌 살게요."

나는 의자에서 벌떡 일어나 그녀를 끌어안으려다 겨우 참았다. 두 세트의 가격은 3,000달러가 넘으니, 2만 달러 목표를 초과달성할 수 있다!

미팅을 끝낸 뒤, 차를 타고 가면서 한 가지 확신이 생겼다. 특별하게 살고 싶을 때, 두 가지 결심이 그런 삶을 창조해준다는 사실이 이해되기 시작한 것이다. 확고한 신념이 남다른 노력과 결합하면 끊임없이 특별한 결과를 창출할 것이다. 가시적이고 측정 가능하며 무척 중요하지만, 너무 뜻밖이라서 기적처럼 느껴지는 결과 말이다.

기적의 공식을 시험하고 다른 이에게 가르치다

■■■■■■ 다음 프로모션 기간은 실험이나 마찬가지였다. 나는

똑같은 전략을 세웠다. 이번으로 네 번째 신기록이 될 2만 달러 판매 목표에 다시 한 번 도전하기로 했다. 마지막 가능한 순간까지, 결과와 상관없이 확고한 신념을 유지하고 남다른 노력을 기울이자고 결심했다. 내가 일기에 기적의 공식이라고 썼던 법칙이 다시 효과를 발휘할 수 있을지 호기심이 생겼다.

공식은 효과가 있었다. 그 프로모션 기간 동안 나는 2만 3,701달러어치를 판매했다. 당시 완벽하게 이해했던 건 아니지만, 어떤 목표든 달성할 수 있는 기적 전문가의 자질과 특성이 내 안에서 자라고 있었다.

이런 생각이 들었다. '좋아, 하지만 이건 나한테만 효과가 있었는지도 몰라. 그냥 운이 좋았겠지.' 나는 이 공식이 진짜 효과가 있는지 알고 싶어서, 내게 코칭을 요청한 컷코의 영업사원들에게도 가르치기 시작했다. 앞으로 소개할 제리 에이징어Geri Azinger는 내가 컷코에서 기적의 공식을 처음 가르친 영업사원이었다. 곧 확인하겠지만 제리는 나와 비슷한, 정말 거의 똑같은 경험을 했다.

● 현실 속 기적의 공식 사례

2005년 여름, 제리가 나를 찾아왔다. 제리의 주간 단위 판매 실적은 주변 동료들보다 높은 편이었지만, 전체 실적으로 판매왕이 된 적은 없었다. 프로모션 기간 동안 기록한 최고 실적은 1만 2,000달러를 웃도는 수준이었다. 제리는 내게 한 단계 나아가서 1만 5,000달러를 달성하게 도와줄 수 있느냐고 물었다. 난 이렇게 대답했다. "아니, 하지만 2만 달러는 가능해요. 당신이라면 얼마든지 할 수 있어요." 그리고 기적의 공식을 설명했다.

제리가 대답했다. "잘 모르겠어요. 지금까지 그 정도 수준 근처에도 가본 적이 없으니까요. 하지만 기적의 공식이 할에게 효과가 있었다면, 내게도 그런지 시험해보고 싶어요."

내가 프로모션 기간을 시작할 때와 마찬가지로, 제리는 처음 다섯 번 미팅에서 고작 1,000달러어치를 판매했다. 기대했던 수준은 아니었다. 그녀는 자신을 믿기로 하고 새롭게 의욕을 불태우며 다음 날 하루를 시작했다. 좀 더 규모가 큰 세트를 몇 벌 판매하면서 3,000달러를 거뜬히 넘기며 그날 판매를 마감했다. 남은 주간 동안에는 판매 실적이 들쑥날쑥했다. 둘째 주를 시작할 때 총 판매 금액은 8,500달러에 불과했다. 제리는 불안했지만 포기하지 않고 미팅을 잡고 제품을 소개하며 판매에 매진했다.

시간이 훌쩍 흘러 둘째 주 금요일이 되었다. 그때까지 제리의 실적은 1만 5,000달러였다. 목표 숫자에 근접하려면 주말 동안 5,000달러를 채워야 한다. 제리는 그날 밤 50군데에 전화를 돌렸고(금요일 밤에 그 정도로 전화를 많이 한 건 처음이었다고 한다) 주말에 미팅을 7건 잡았다. 그리고 나에게 전화를 했다.

"할, 지금까지 1만 5,000달러 기록했어요! 여전히 5,000달러나 남아서 불안한 건 사실이지만 마지막 가능한 순간까지 기적의 공식을 따르겠다고 굳게 마음먹고 있어요. 이상하지만 실제로 할 수 있을 거라는 믿음이 들어요. 아니 목표를 달성하리라는 확고한 신념이 있다고 해야죠. 다른 선택은 없으니까요!"

그 토요일 오후, 한 맘씨 좋은 부부가 당시 컷코에서 판매하던 제품 세트 중에 가장 비싼 종합 세트를 구매했다고 한다. 내가 기적을 창조할 때 판매했던 세트다. 그 부부는 제리에게 많은 연락처를 알려줬을 뿐만 아니라 직접 옆집에 사는 이웃을 소개해줬다. 그리고 제리는 종합 세트를 하나 더 판매했다.

그때가 겨우 오후 3시였고, 그날 하루에 이미 2,500달러가 넘는 판매고를 올렸지만, 제리는 재빨리 식사를 한 뒤 다음 미팅에 갔다. 짜잔! 1,000달러어치를 팔았다. 그녀는 차로 돌아와서 그때까지 연락이 잘 안 되던 고객에게 전화를 걸었다. 고객은 일을 마치면 자정이나 돼야 집에서 만날 수 있다고 했다. 제리는 망설이며 그 시간에 약속을 잡았다. 그건 잘한 결정이었다. 새벽 두 시에 미팅을 마치면서 판매 목표를 달성했기 때문이다.

하지만 아직 경쟁할 시간이 남았으므로, 제리는 신념을 버리지 않고 계속 노력하며 판매에 열중했다. 그 결과, 예전의 최고 성적과 비교하면 두 배에 가까운 2만 3,000달러를 기록하며 프로모션 기간을 마감했다. 제리의 꿈은 현실이 됐다. 기적의 공식의 효과가 증명된 것이다. 남다른 노력과 확고한 신념이 더해지면 기적이 일어난다.

제리 이후로도 나는 계속해서 기적의 공식을 수십 명의 동료에게 가르쳤고, 거의 모두가 각자 프로모션 기간에 2만 달러가 넘는 판매 실적을 달성했다. 유례없는 성과였다.

나는 이 공식의 효과를 점점 확신하게 되었다. 영업사원들은 자신을 제약하던 사고방식을 하나둘 깨부수고 예전에는 가능하리라 생각지도 못했던 가시적인 결과를 창조했다. 분명히 밝히지만 다른 건 아무것도 가르치지 않았다. 새로운 영업 기술이나 고객 관리 전략 따위는 없었다. 한 사람 한 사람에게 내가 기적의 공식을 적용했던 일화―이 책에 쓴 이야기와 동일하다―를 들려주고, 앞으로 이 책에서도 다루겠지만 확고한 신념과 남다른 노력의 원칙을 상세하게 설명했을 뿐이다. 그리고 사람들은 공식을 적용했다. 그게 전부다.

그러다 기적의 공식이 훨씬 멀리 뻗어나갈 수 있다는 사실이 증명됐다.

비교적 경력이 짧은 신입 영업사원으로 대학에 다니던 로버트 아라우코Robert Arauco는 프로모션 기간에 처음으로 1만 달러를 달성할 수 있게 도와달라고 내게 연락했다. 나는 제리에게 말했듯 기적의 공식을 적용하면 2만 달러도 문제없으리라 믿는다고, 수많은 사람에게서 확인했다고 대답했다. 로버트는 공식에 대한 설명을 듣고 나서 잠깐 생각하더니 내가 세운 틀에 도전을 시도했다. "할, 기적의 공식을 적용해서 2주 만에 3만 달러어치를 판매할 수 있을까요?" 나는 직접 그런 기록을 세운 적은 없지만, 로버트가 일으킬 기적에 한계가 있다고는 생각하지 않는다고 말했다.

로버트는 두 번째 주에 2만 달러를 넘기면서 2주 동안 3만 1,000달러 이상의 실적을 올렸다. 마지막 가능한 순간까지 자기 전부를 쏟아부었던 것이다. 로버트는 마지막 한 시간을 남겨놓고

6,000달러 이상의 제품을 판매했다.

기적의 공식이 반복해서 성공하면서 요행이나 운이 아니라는 사실을 확신했다. 이 공식은 효과가 증명됐고 반복해서 적용 가능하며, 제대로 이해하고 실행하면 누구든 곧 자신의 잠재력을 한껏 발휘해서 전에는 경험하지 못한 결과를 창조할 수 있다.

영업사원 아닌 사람들에게도 효과를 증명한 기적의 공식

■■■■■ 독자들은 기적의 공식이 본인에게 어떻게 적용될지 의아할 것이다. 나도 의구심을 품었기 때문에 그 마음을 충분히 이해한다. 영업 세계 밖에서도 기적의 공식이 효과가 있을까? 사실 그 의문 탓에 내가 이 책을 쓰는 데 거의 20년이 걸렸다. 공식이 유효한지 확인하기 위해 수많은 유명인을 연구했고, 최대한 많은 사람에게 공식을 가르쳤다. 그들은 이 공식을 활용해서 다양한 분야에서 기적을 일으켰다. 나는 기적의 공식이 누구에게나, 어느 상황에서도 효과가 있다는 증거를 찾고 싶었다.

한마디로 효과가 있었다.

기적의 공식을 제대로 활용하고 내게 이야기해준 사람들을 일부만 소개한다.

싱글맘인 앤절라 메이Angela May는 스타벅스에서 바리스타로 일하면서 연간 1만 2,000달러를 벌었다. 하지만 자기 사업을 시작하면서 달라졌다. 1년 안에 처음으로 백만 달러 단위를 벌어들였고 이제 매출액 단위는 3년 연속으로 일곱 자리 단위가 될 만큼 성장했다.

팀 니콜라예프Tim Nikolaev는 16세에 러시아에서 미국으로 왔고, 17세에 기적의 공식을 배웠으며(컷코에서 일할 때였다), 공식을 이용해 자신이 꿈꾸던 삶을 창조했다. 이제 30대 초반이 된 팀은 경제적 자유를 이뤘고 사실상 은퇴했다(부동산에서 오는 불로소득으로 충분히 생활하고도 남고, 이제는 원할 때만 일한다는 뜻이다). 팀은 불가능해 보이는 목표를 추구하며 노력하는 과정에서 무슨 일이 벌어질지 예측할 수는 없지만, 결과와 관계없이 마지막 가능한 순간까지 전력을 다하면 필연적으로 목표를 달성하거나 그보다 좋은 일이 생긴다는 값진 교훈을 얻었다고 했다.

셸리 보이스Shelly Boyes는 식이 장애나 약물·알코올 의존증 등으로 정상적인 생활이 어렵거나 학대, 불안, 우울증 등에 시달리는 젊은 여성들을 위해 안식처를 만들고 싶어 했다. 기적의 공식은 셸리의 사고방식에 혁신을 일으켰고, 가능하다고 믿으면 무엇이든 할 수 있다는 믿음을 굳혀주었다. 셸리는 가능한 한 가까운 미래에 삶을 바꾸는 사역의 희망 주택Choose Life Ministry's Homestead for Hope을 열 계획이다.

브랜던 라벨라Brandon LaBella에겐 2017년에 뉴욕 마라톤을 완주하겠다는 꿈이 있었다. 하지만 대회 3일 전에 무릎 안쪽에 있는 내측 측부 인대가 찢어졌고 목발에 의지해야 했다. 브랜던은 대회를 포기하지 않고, 지금까지 뉴욕 마라톤에서 목발로 달렸던 최고 기록을 찾아본 후 그 기록을 깨기로 결심했다. 확고한 신념과 남다른 노력을 발휘하여 무슨 일이 있어도 완주할 생각이었다. 브랜던은 끝까지 도전해 그 기록을 깬 것은 물론, 세계 신기록을 수립했다.

케리 스몰렌스키Carey Smolensky는 열네 살에 DJ 회사를 차렸다. 그는 치과 대학에 다니다가 학교를 그만두고 꿈을 좇기로 했다. 확고한 신념을 세우고 남다른 노력을 기울여서 기존의 틀을 깨고 이벤트 기획 및 엔터테인먼트 분야에 자신의 미래를 걸었다. 40년이 지난 지금, 캐리의 자회사들은 세계 각지에서 이벤트를 기획하고 있다. 캐리는 백만 명이 넘는 사람들을 즐겁게 해줬고 사업은 연간 수백만 달러의 순익을 올릴 정도로 성장했다. 캐리는 멈추지 않고 기적의 공식을 이용해서 꿈을 좇고 있다. 열정에 대한 책을 쓰는 한편, 그가 사는 지역에서 연례 콘퍼런스인 열정 회담Passion Summit을 성황리에 시작했다.

2016년, 에인절 모랄레스Angel Morales는 11개월 동안 혼자 세계를 여행했다. 그는 다섯 개 대륙의 26개국을 방문했다. 그 꿈을 이루려고 2년간 저금하고, 조사하고, 준비했다. 직장을 그만두고 세계 여행을 하겠다고 주변에 알렸을 때 아무도 믿지 않았다. 하지만 에인절은 확고한 신념을 버리지 않고, 꿈을 이뤄줄 세계 일주

항공권을 샀다.

알레스 베커스^{Ales Backus}는 온종일 비디오 게임만 하면서 우울증과 자살 충동에 시달리는 10대였지만, 결국 공중예술 공연가가 되었고 다양한 연령대의 사람들에게 꿈과 용기를 갖도록 일깨우는 강사로 변신했다. 계속해서 기적의 공식을 따른 결과 지난 12개월에 비해 3배에 달하는 돈을 벌어들였다.

켄 윔블리^{Ken Wimberly}는 지난 24개월 동안 13킬로그램 이상 감량했고 35만 2,000달러의 빚을 갚았다. 켄이 운영하는 중개업의 연간 매출 규모도 2,000만 달러에서 7,000만 달러로 확대됐다.

벤센트 발렌티^{Vencent Valenti}는 꿈에 그리던 여성과 결혼했고 멋진 집을 샀으며, 어린이 도서를 썼고 두 개 회사를 시작했다(그리고 하나를 매각했다).

제시 월터스^{Jessie Walters}는 한동안 불안에 시달리며 침대에만 누워 있다가, 성공적인 부동산 중개인이자 교회의 설교자로 거듭났다.

마이크 이튼^{Mike Eaton}은 40킬로그램을 감량했고 스탠드업 코미디언이 되겠다던 꿈을 이뤘다.

영화 〈미라클 모닝〉의 제작자 테레사 로리코^{Theresa Laurico}는 영화를 촬영하다가 버스에 치여 중태에 빠졌다(당시 나는 항암 치료를 받고 있었다). 우리는 서로 의지하면서 기적의 공식을 활용하여 완쾌할 수 있었다.

나는 이런 사례를 수집하면서 일부러 선의의 비판자 역할을 자청했다. 이들 가운데 확고한 신념과 남다른 노력 없이 목표를 이룬 사람이 있는지 애써 찾으려 했지만 단 한 명도 없었다.

이 책에서는 세계적으로 이름 높은 기적 전문가부터 독자가 모를 법한 사람에 이르기까지, 이 공식을 이용해서 가시적이고 측정 가능한 기적을 이룩했던 세계 각지의 인물을 소개할 예정이다. 이 이야기 하나하나가 당신도 할 수 있다는 증거다. 기적의 공식의 묘미는 목표가 크든 작든 어디에나 효과가 있고, 누구나 두 가지 결심을 하고 유지한다면 그 효과를 누릴 수 있다는 것이다.

자신만의 기적의 공식을 수립하는 여정

━━━━━ 이 책의 나머지 부분은 독자가 원하는 삶으로 나아갈 때 일종의 다리 역할을 한다. 단순히 원하는 데에서 그치지 않고, 그런 삶을 창조하는 방법을 이해해야 한다. 나는 독자와 함께 이 과정을 살펴보면서—실제로도 과정이다—가시적이고 측정 가능한 기적이 궁극적으로 삶의 표준이 될 수 있게 도울 것이다. 스스로 의지에 따라 두 가지 결심을 구현하면 기적 전문가로 거듭나서 과거와는 다른 방식으로 생각하고 행동하고, 현재는 물론 미래에도 기존과 다른 결과를 향해 나아갈 수 있다.

기적 전문가로서 새로운 정체성을 구현하려면 먼저 우리 모두의 내면에 존재하지만 대부분 알아차리지 못하는 인간의 타고난 갈등을 정의하고 극복해야 한다. 다음 장에서는 이러한 갈등을 소개한다. 당신의 삶에 갈등이 어떻게 나타나는지 살펴보고, 그 갈등에서 해방되어 원하는 결과를 이룰 방법을 알아보자.

3장

인간에게 내재한
갈등 극복하기

◇◇◇◇◇◇◇◇

제약을 벗어나
무한한
가능성으로

우리가 살아가는 세상 — 인지하는 삶 — 은
인간의 내면에 존재하는 현실을 거울로 비춘 전적인 반사상이다.
_ 패트릭 코너 Patrick Connor

다른 수많은 사람과 마찬가지로 당신도 본인에 대한 기본적인 사실을 잊어버렸을 가능성이 높다. 당신의 가능성은 무한하다.

인간은 위대한 존재로 설계됐고, 그 증거는 얼마든지 있다. 매일 누군가 우리 모두에게 존재하는 무한한 잠재력을 발휘해서 인간이라면 누구나 할 수 있는 일에 새로운 기준을 세운다. 그러면 기존의 한계는 흔들린다. 어떤 일이든 다른 사람이 했다면 당신도 가능하다는 증거인 셈이다. 삶에서 원하는 것은 무엇이든 지금 당장 가능하며, 당신이 결심하고 실행에 옮기기만 한다면 손에 거머쥘 수 있다.

어린 시절을 돌이켜보면 그런 자신감이 기억날 것이다. 어릴 때는 얼마든지 유명한 발레리나가 되거나, 야구선수가 될 수 있다고 생각했다. 마음의 눈으로 볼 수 있는 꿈을 이루지 못하리라고는 절대 생각하지 않았다. 모든 것이 가능했다. 당신의 미래는 무한한 것이었다. 하지만 우리 중 일부는 이런 인식을 완전히 지워버렸다. 이런 관점을 되살려서 어쩌면 가능했을 일을 떠올리는 사람도 있다. 하지만 여전히 그 느낌은 까마득하고 현재의 삶과 더는 관련이 없어 보인다. 책상에는 청구서가 잔뜩 쌓여 있고, 직장에서 하는 일은 만족스럽지 못하고, 아무리 해도 체중은 줄어들지 않는다. 하지만 옛꿈을 기억하지 못한다고 해서 그것이 허황한 것은 아니며, 의미가 없는 것도 아니다.

그럼 우린 어쩌다가 그렇게 중요한 사실을 잊어버렸을까?

본인 잘못이 아니더라도 우리는 자신도 모르게 스스로 꿈을 좇는 일을 방해한다. 그리고 그런 경향은 나이가 들수록 심해진다. 기운 빠지는 말이지만 사실이다. 살다 보면 우리 머릿속에서 그리고 우리를 둘러싼 세계에서 커다란 장애물이 나타난다. 이런 장애물은 가끔 교활하게 작용한다. 우리는 그런 것이 존재하는지도 모를 때가 많다.

무엇보다 인간에게는 위대한 길을 가려는 길목에서 끊임없이 우리를 방해하는, 머릿속에 확고하게 굳어진 성향이 존재한다. 이런 성향 때문에 우리는 쉬운 길만 선택하려 하고, 자신의 가능성을 의심하고, 일이 힘들어지면 곧바로 포기한다. 쉬운 길은 단기적으로 편할 때가 많고, 우리 뇌는 편하게 느껴지는 일을 해야 한다고 받아들인다.

사람들은 나이를 먹고 주변에서 보내는 메시지(비언어적인 경우도 있다)를 흡수할 만큼 성숙하면서 규칙을 지키고 주변과 어울리고, 맞춰가며 생활하는 법을 배운다. 심지어 주변 사람들이 지닌 비합리적이고 제한된 믿음에 영향을 받고, 자신의 가능성을 바라보는 관점을 억압하게 내버려두기까지 한다. 사랑하는 사람들이 당신의 등을 토닥이며 한결같이 '넌 최선을 다했다'고 말하겠지만, 잠재력을 100% 발휘해야 한다고는 말하지 않는다. 그들 자신도 잠재력을 실현하지 않고 있기 때문이다. 우리는 서로를 한없이 평범해지게 부추긴다.

그러다 결국 순응주의자의 대열에 합류하고 '왜 난 특별해질 수 없나' 불평한다. 우리는 자신을 파괴할 무기로 창고를 채워나간다. 대부분은 그런 무기가 있는지도 모르고, 그럭저럭 살아갈 만큼만 노력한다. 사람들은 특별한 목표나 의도도 없이, 자동조종 장치에 몸을 맡긴 채 하루를 보낸다. 그리고 다른 이가 자신에게 한계를 지우게 내버려둔다. 어떻게 보면 우리의 뇌를 비롯해, 가장 신뢰하고 애정이 충만한 친구와 가장 사랑하는 가족들이 우리 삶의 기적을 인질로 잡는 셈이다.

이런 장애물이 끝도 없이 훼방을 놓는데 어떻게 특별한 삶을 창조할 수 있단 말인가?

좋은 질문이다. 그 대답을 얻으려면 우리가 모두 직면할, 인간에게 내재한 갈등을 이해해야 한다. 마음속 깊은 곳에서 우리는 스스로 한계가 없다는 사실을 알고 있다. 하지만 우리 뇌와 주변 세계가 제약하기 때문에 실제보다 보잘것없는 상태에 머무른다. 이런 갈등 때문에 불행해지고 불안을 느끼면서도 이 세계 밖에 무엇인가 다른 것, 더 많은 것이 있다는 느낌을 지울 수가 없다. 우리는 알면서도 어떻게 해야 하는지 모른다.

지금까지는 그랬다.

자신이 상상할 수 있는 가장 특별한 삶을 창조하려면—당신이 원할 뿐만 아니라 자격을 갖췄고, 그럴 운명인—내면의 갈등을 극복하고 위대해지는 길을 선택해야 한다. 쉽지만은 않을 테고 편하지도, 심지어 안전해 보이지도 않을 것이다. 머릿속에서 제한(과거에 기반한)과 무제한(가능성에 기반한)이 실랑이를 벌이는 느낌이 든다면, 무제한을 선택하라. 단순한 일이다.

쉽지는 않다. 난 쉬우리라고는 말하지 않았다. 하지만 분명 가능한 일이고, 구체적으로 말해서 당신이 할 수 있는 일이다. 이 장을 끝까지 읽는다면, 당신과 당신이 누려야 마땅한 기적적인 삶 사이에 무엇이 버티고 있는지 많은 깨달음을 얻을 수 있다. 그리고 얼마든지 할 수 있겠다는 생각이 들 것이다.

그럼 시작해보자.

내면에서 벌어지는 전쟁

███████ 이런 관점이 필요하다. 현재 살면서 자기 분야에서 최고를 달리거나 힘들고 괴로운 환경에서 버티고 있거나, 아니면 그 중간쯤에서 어떤 환경에 처해 있든지 이 사실을 고려하자. 당신은 원하는 모든 것을 창조할 수 있는 사람이 될 수 있으며, 무엇을 배워야 하는지 알기 위해 당신이 있어야 할 정확한 위치에 서 있다. 휴우. 꽤 긴 문장이지만 나는 이 문장의 단어 하나하나를 굳게 믿는다. 당신도 믿기 바란다. 지금까지 살면서 겪었던 일은 가장 힘든 경험까지 포함해서 배우려고만 한다면 모두 자산이 될 수 있다.

문제가 하나 있다(이 시점에서 당신이 참여해야 한다). 지금 원하는 삶을 살지 못하는 건 당신의 잘못이 아닐 수도 있지만, 다음 단계로 가려면 필요한 변화를 일으킬 책임은 분명 당신에게 있다. 아무도 그 일을 대신하지 못한다. 10등급의 삶을 살겠다는 선택은 자신의 몫이다. 그러려면 가장 먼저 스스로 내적 갈등을 극복해야 한다.

제한된 삶, 혹은 제한 없는 삶을 살겠다는 선택의 갈림길은 수없이 다양한 방식으로 나타난다. 다니는 직장을 그만두고 내 사업을 시작해야 할까? 다른 사람을 만날 수 있을지 확신도 없는데 이 관계를 끝내도 되나? 5킬로그램을 빼고 싶긴 하지만 내가 좋아하는 음식을 꼭 안 먹어야 할까? 이 결정 하나하나가 삶의 다양한 영역에 영향을 미친다. 하지만 모든 건 제한—과거, 두려움, 실패, 다른 사람 등—과 무제한의 대결로 귀결된다. 지금 자기 마음속에 자리 잡은 결심을 떠올려보자. 그 결심을 이런 기준으로 판단할 수 있는가? 그렇게 하면 조금이라도 다르게 보이는가?

나는 《미라클 모닝》을 쓰면서 그만둬야 할 것 같은 두려움과 자기 의심에 끊임없이 시달렸다. 책에 등장하는 개념을 굳게 믿는데다 직접 결과를 목격했지만, 내면의 목소리가 계속 나를 방해했다. '내가 뭐라고 다른 사람한테 일찍 일어나라고 할 수 있을까? 스스로 아침형 인간이 아니라는 제한적인 생각을 평생 해왔을(그래서 행동도 굳어졌을) 텐데, 그런 생각이 뿌리 깊게 박혀 있는 사람들을 어떻게 바꾼단 말인가?' 다행히 나는 내면의 갈등이 내가 하는 일을 최종적으로 결정하게 내버려두지 않았다. 두려움이 행동을 좌우하지 못하게 했다.

이렇게 우리 삶에 나타나는 갈등을 수백 개, 어쩌면 수천 개까지 얼마든지 정의할 수 있지만, 가장 자주 발생하며 우리가 꼭 극복해야 할 내적 갈등은 네 가지다. 첫 번째, 우리 뇌는 새로운 기회를 위험하다고 인식한다. 두 번째, 삶의 한두 영역 혹은 모든 영역에서 평범한 노력과 결과에 안주하면서 원하는 것은 무엇이든 성취할 자격이 있다는 생각을 거부한다. 세 번째, 타고난 재능을 인식하지 못하고 스스로 이룰 수 있는 모든 것을 놓친다. 마지막으로, 주변 세상이 내 생각을 좌우하게 하고 심지어 자신을 정의하게 내버려둬서 실제보다 자기 능력이 부족하다고 믿는다. 하지만 우리는 이런 제약에도 불구하고 내 안에 아직 손대지 않은 잠재력이 있다고 믿는다. 그러니 불안한 마음이 지속한다.

네 가지 갈등 중 하나만 작용해도 삶에 대한 야심 찬 계획에는 심각한 차질이 생긴다. 네 가지가 합쳐지면 진정 원하는 삶을 찾기는 거의 불가능하다. 각 갈등을 좀 더 깊이 탐색하고, 갈등이 어디에서 나오고 그것을 극복하지 못하면 어떤 결과가 발생하는지 살펴보자. 이 장의 마지막 부분에서는 갈등을 극복하고 지금까지 기다려온 삶을 창조할 방법을 알아볼 것이다.

기회에 대한 비합리적 공포 극복하기

많은 사람은 새로운 목표가 생기면 한껏 흥분했다가 상황이 힘들어질 때, 혹은 심지어 시작도 하기 전에 갑자기 멈춰버리기를 반복한다. 이유가 무엇일까?

모든 것이 인간의 뇌에서 시작한다. 뇌는 무척 놀라운 존재이며 인간의 육체를 중앙에서 지휘한다. 뇌 덕분에 끊임없이 폐가 숨쉬고, 심장이 박동하고, 몸이 움직인다. 심지어 우리가 좋거나 나쁘다고 느끼는 부분에 집중해서 우리 삶이 긍정적인지, 부정적인지 판단한다. 우리는 뇌 덕분에 삶을 경험하지만, 뇌로 인해 원하는 대로 살지 못하게 방해를 받기도 한다.

인간은 모두 무한한 잠재력을 지니고 태어났지만, 우리 뇌는 선천적으로 다양하고 원시적인 반사작용을 하게끔 설계됐다. 우리는 본능적으로 주변 환경에 위험이 있는지 살핀다. 동굴에서 살던 시절에는 빠르게 움직이는 사자를 발견하지 못하면 곧 죽음이었다. 엉뚱한 풀을 먹었다가는 중독된다. 하루에도 여러 번 생사를 오가는 상황이 벌어진다. 말 그대로 하루하루 생존하는 것이 최대 목표였다. 다행히 이제 이런 일을 거의, 혹은 전혀 겪지 않아도 된다. 하지만 우리 뇌는 그 사실을 알지 못한다. 여전히 피해망상에 젖어 끊임없이 안전을 추구하며 항상 잠재적인 위험이 없는지 탐색한다.

하지만 뇌는 죽음만 두려워하는 것이 아니라, 안전지대에서 벗어나는 일이라면 무엇이든 삼엄한 경계 태세를 갖춘다. 이제 죽음에 대한 공포 대신 감정적·육체적 실패나 불편함에 대해 두려움을 느낀다. 포식자를 피한다고 해서 무조건 안전하지는 않다. 이제 우리는 기회도 피하려고 한다. 대다수의 사람이 미지의 존재를 두려워한다. 스스로 발전하고 원하는 사람이 될 새로운 기회가 나타나면 뇌가 긴급 경보를 울린다. 그리고 우리는 잘못될지 모를 모든 가능성에서 대피한다. 실패할 수도 있다. 부끄러울지도 모른다. 실망할 것이다. 이 모든 스트레스는 현명한 결정을 방해하고 행복한 감정을 망친다. 가끔 우리가 감정을 통제하는 게 아니라 감정이 우리를 통제하는 듯한 느낌이 들기도 한다.

그러다 외부 환경이 우리의 내면을 좌우하기 시작한다. 수동적인 반응 위주로 행동하고, 차분히 생각하면서 주어진 상황에 최적으로 대응할 여유를 잃는다. 감정에 지배당하면 조그만 차질도 극복할 수 없을 거대한 산처럼 느껴지고, 흔들리지 않고 목표에 집중하기는 거의 불가능해진다. 그러니 계속해서 안전지대인 동굴 속으로 몸을 숨긴다. 그곳은 어둡긴 하지만 안전하게 느껴지기 때문이다.

모든 체력과 정신력을 스트레스 반응을 없애는 데에만 집중하면(그럴수록 스트레스는 더 심해진다) 훌륭한 기회가 나타나도 지나치게 힘들거나 위험하고, 감히 시도할 수 없는 대상으로 해석한다. 기존에 표준이라고 알고 있는 범위를 벗어나는 기회는 무조건 피해야 할 존재로 인식하는 것이다.

기적 전문가는 다른 사람들이 간과하는 것, 즉 스트레스 반응을 피해갈 방법을 깨달은 사람들이다. 정확히 말하면 본능이 자신에게 해롭거나 방해가 될 때 이를 잠재울 방법을 알고 있다. 그들은 자기 뇌를 훈련해서 단순히 불편한 상황과 실제로 삶과 죽음이 오가는 위험한 상황의 차이를 구분할 수 있다. 잘못될지도 모른다는 두려움 대신, 의식적으로 집중하고 일이 올바른 방향으로 진행되리라는 신념을 잃지 않았다. 실패할 가능성이 항상 있다는 걸 알면서도(5장 '가능성에 대한 새로운 패러다임'에서 배우겠지만 실제로는 그렇지 않다), 행복과 성취감을 느끼게 해줄 기회를 탐색하고 실현하는 쪽에 시간을 쏟는다. 기적 전문가들은 과거의 실패와 두려움을 곱씹기보다는 신념을 지켜야 하며, 가장 의미 있다고 생각하는 목표를 달성하려면 어떤 단계가 필요한지 적극적으로 찾아야 한다는 사실을 알고 있다. 실질적으로 자기 뇌를 통제함으로써 자기 삶도 통제하는 것이다.

보통 사람은 대부분 그렇지 않다. 아직 직장이 없는 고등학생부터 멀리 꼭대기까지 올라가서 〈포천Fortune〉 500대 기업의 CEO가 된 사람까지, 모든 이가 비합리적인 두려움과 과잉 스트레스 반응 때문에 고통받는다. 비합리적인 두려움이 우리의 꿈이나 앞으로 펼쳐질지도 모르는 삶의 기운을 꺾어버린다는 사실을 깨달을 필요가 있다. 기회를 두려워하고 피하는 게 아니라 깊이 숨을 들이마신 후 기회를 향해 달려가야 한다. 기꺼이 실패하고 실수로부터 배우고, 다시 시도하자. 우리는 두려움을 신념으로 바꿔야 한다. 이 갈등을 극복하고 성공할 다른 방법은 절대로 존재하지 않는다.

그릇된 특권과 진정한 특권 구분하기

■■■■■■ 당신이 10등급의 성공을 뭐라고 정의하든, 이 책을 읽고 있다면 더 크게 성공하기를 원하는 사람이 분명하다. 하지만 스스로 어디까지 성공할 자격이 있다고 생각하는가?

안타깝게도 대다수의 사람은 지금까지 본인이나 가까운 사람이 이룬 성공보다 훨씬 많이 해낼 수 있다고 진심으로 믿거나 실감하지 못한다. 성공, 행복, 성취 등에 있어 우리가 표준으로 생각하고 익숙해진 수준은 미래의 기대치에도 그대로 반영된다. 그러면 좀 더 발전하고 멋진 삶을 살려는 계획은 사라지고 영원히 과거를 반복한다. 스스로 이 길 끝에 있는 무엇인가를 가질 자격이 있다고 믿지 않기 때문에 아예 문밖으로도 나오지 않는 사람들이 많다. 기적 전문가가 되려면 가장 큰 목표와 꿈이 실현 가능하며 꼭 이뤄지리라 생각할 뿐만 아니라 자신에게 그 꿈과 목표를 이룰 자격이 있다고 믿어야 한다. 그렇지 않으면 스스로 그 자리에 있어도 되는 사람인지 의심이 싹트게 되고 목표를 이룰 수 없다. 자신의 위대함을 부정할 핑계는 얼마든지 있다. 하지만 자신에게 성공할 특권이 있다고 생각하면, 목표를 달성하기 위해 싸울 것이다.

누군가에게는 특권이라는 단어가 거슬릴 수도 있다. 이 단어에서 아무 노력 없이 특혜를 받거나 자원을 차지해도 된다고 생각하는 사람들이 떠오르기 때문이다. 특권 의식은 주로 자아도취나 교만으로 이어진다. 특권 콤플렉스가 있는 사람은 자기가 우주의 중심이라고 생각하는 어린아이와 비슷하다. 특권에 대한 이런 시각은 어떤 노력을 기울였는지 상관없이 특권이라는 단어가 주는 느낌만 묘사한 것이다. 하지만 특권에는 우리가 알아야 할 두 가지 형태가 있다. 하나는 우리가 추구해야 할 대상이다. 다른 하나는 피해야 할 덫이다.

모든 이가 갈구해야 할 진정한 특권의 특징은 지구상 모든 사람이 자신의 삶에서 원하는 바(노력해서 얻어낼 용의가 있는 모든 것)가 무엇이든 그것을 창조하고 가질 자격과 가치, 능력이 있다고 근본적으로 믿는다는 것이다. 위대한 성취를 이룬 사람은 거의 모두 충분히 노력해서 목표를 달성할 수 있고, 그에 따른 성공을 누릴 특권이 있다고 믿었다. 이런 특권은 건전하며, 가시적이고 측정 가능한 기적을 일으키는 전제조건이 된다. 또한 자신의 잠재력에 대한 신념과 인식을 강화한다.

분명히 말해두지만 나를 포함해서 누구든 이런 특권을 누리기는 쉽지 않다. 우리는 노력에 대해 인정받기를 회피하는 성향이 있다. 누군가 일을 잘했다고 칭찬하거나 고마워하면 수줍어한다. 심지어 그런 보상을 '별일 아니다'라며 노골적으로 거부하기도 한다. 별일이 맞을 때도 그렇게 반응한다. 작은 칭찬을 받아도 불편한 느낌이 드는데, 스스로 자격이 있는지 못 미더운 목표를 추구하는 일은 얼마나 더 힘들지 생각해보라. 본인에게 그럴 특권이 있다고 느끼지 않으면서, 충분히 노력해서 가시적인 성과를 이루기란 거의 불가능에 가깝다.

대부분 진정한 특권은 확고한 신념에 불을 붙이는 데 활용된다. 목표를 이룰 수 있다고 믿기보단 그런 결과를 얻을 자격이 있다고 믿는 편이 더 쉽다. 하지만 이런 믿음은 모든 사람이나 모든 기적에 적용되지는 않는다. 나도 마찬가지지만 스스로 자격이 있다고 느끼기가 항상 쉽지는 않다. 불행하거나 괴로워하는 사람들을 보면서 내가 저 사람들보다 행복하거나 성공할 자격이 있을지 의심스러울 때가 많다. 진정한 특권을 경험하려면 남다른 노력을 통해 한 발 더 가까이 다가가야 한다는 사실을 기억해야 한다. 계속 노력하면서 더 많이 애쓸수록 타당성은 자연스럽게 강해진다. 어떤 순서로 진행되든 자신이 원하는 것을 모두 가질 자격이 있고, 기적의 공식을 작동시키기 위해 기꺼이 노력을 기울이겠다고 다짐하는 게 가장 중요하다. 기적 전문가는 자신의 공헌을 인정하며 노력에 대한 대가를 받을 자격이 충분하다고 느낀다.

진정한 특권의 반대편에는 그릇된 특권이 존재한다. 그래도 된다는 타당성으로 가장하지만 사실 게으름이다. 우리는 이렇게 말하곤 한다. "난 이 쿠키를 먹을 자격이 있어. 지금까지 음식을 자제했거든." "이 물건을 살 자격이 있어. 지금까지 소비를 잘 조절했으니까." "오늘 하루 정도는 헬스장에 안 가도 돼. 그동안 운동을 열심히 했어." 어디서 들어본 소리 같지 않은가? 누구나 가끔은 이렇게 합리화를 하지만, 분명히 해로운 행동이다.

이런 행동 때문에 우리는 평범한 수준에 머무른다. 우리는 꽤 잘했으니 자신에게 상을 준다. 하지만 '꽤 잘했다' 정도로는 충분하지 않다. 물론 기적을 일으키는 데도 일절 도움이 되지 않는다. 평균에도 못 미치는 성과를 내고는 스스로 격려하는 결과가 될 뿐이다. 그리고 스스로 게을러도 된다고 허락하는 셈이다. 피곤하다 못해 녹초가 될 때까지 자신을 혹사하는 과도함도 건전하지 않지만, 해야 할 일을 다 하지 않으면 목표를 달성할 수 없다.

평범한 수준의 노력에 안주하면 10등급의 성공은 멀어진다. 무엇을 이루려고 마음먹든 노력하는 수준은 그 목표와 비례해야 한다. 마라톤 완주를 목표로 하는 사람이라면 일주일에 다섯 번은 뛰어야겠지만, 건강이 목적이라면 일주일에 두세 번 30분 정도만 걸어도 충분하다. 아무도 보지 않을 때, 자신이 얼마나 노력하는지는 본인만 알고 있다. 당신이 정의하는 10등급의 성공은 당신과 당신이 이루려는 목표에만 해당한다. 목표를 이루는 데 필요한 노력의 양과 자신의 행동을 일치시켜서, 스스로 목표를 달성할 자격이 있다고 느끼고 게으름의 덫에 걸리는 일을 피해야 한다.

한번 솔직해지자. 게으름을 피우면 기분이 좋고 편하다. 아무 책임도, 걱정도, 양심의 가책도 없이 누워서 TV를 보는 시간을 마다할 사람이 있을까? 하지만(이 '하지만'에는 아주 큰 강조가 필요하다) 먼저 무언가를 달성해야 그 보상으로 양심의 가책 없이 게으름을 피울 수 있다. 나는 '죄책감 없이' 게으름을 피우기 전에 아이들과 시간을 보내고, 아내를 행복하게 해주고, 업무를 모두 끝낸다는 원칙을 세웠다. 넷플릭스를 실컷 보고 싶어 한다 해서 비난할 생각은 없다. 다만 그날 가장 중요한 일을 먼저 끝낸 다음에 봐야 한다.

먼저 할 일을 끝내고 정당하게 게으름을 누리는 경우가 아니라면, 스스로 더 위대한 성공을 누릴 특권이 있다고 느끼지 못하는 문제가 발생한다. 계속 노력하지 않으면 원하는 것을 얻을 자격이 없으며, 스스로도 그 사실을 잘 알고 있다. 그러니 자신을 믿을 수가 없고, 지금 가진 것보다 무엇인가 더 나은 것을 가질 자격이 있다고도 믿지 못한다. 그릇된 특권이 아주 위험한 이유가 바로 여기에 있다.

이 밖에도 스스로 자기 앞에 던지는 장애물이 또 있다. 그릇된 특권의 일종으로 '항상 바쁨'이라고 한다. 너무 바빠서 새로운 기회를 잡을 수 없고, 일생일대의 꿈을 위해 노력할 시간이 없다고 말한 적이 몇 번이나 있는가? 너무 바쁘다는 건 사실 별로 중요하지 않은 일을 한다는 뜻이고, 그렇게 말하면서 생산적인 일을 한다고 자신을 속일 뿐이다. 이메일 수십 통에 답장을 보내면서 가치 있는 일을 했다고 생각하고 보람을 느끼겠지만, 본인도 마음속 깊은 곳에서는 그런 생각이 거짓임을 알고 있다.

칼 뉴포트는 획기적인 저서 《딥 워크: 산만한 세상에서 최고의 성과를 내는 강렬한 집중의 기술》에서 딥 워크 기술, 자신이 진정 원하는 중요한 일에 집중할 수 있는 환경을 만들고 그것에 몰두하는 능력은 오늘날 더욱 중요해졌지만, 점점 더 희귀해지고 있다고 설명한다. 이 기술을 키우는 사람은 보상을 받는다. 기적이라는 맥락에서 보면 주변의 방해 요소에서 자신을 분리할 수 있는 사람, 중요하지 않은 일은 제칠 수 있는 사람, 정신적(혹은 육체적) 에너지를 한 가지 대상에 오랜 시간 집중할 수 있는 사람만이 가시적이고 측정 가능한 기적을 일으킬 수 있다. 우선순위가 낮은 일에 시간을 낭비하느라 바쁘다면, 기적을 일으키는 삶과는 정반대로 사는 셈이다.

우리는 해야 할 일 목록을 점검할 때 우선순위와 위험도가 낮고, 특별히 중요한 결과도 있을 것 같지 않은 일에 자연스럽게 눈길을 준다. 예를 들면 이메일 확인, SNS에 글 올리기, 인터넷 검색, 주변 정리하기 등이다. 심지어 자기계발 활동이라도 우선순위가 높은 활동을 미루는 행위를 정당화하는 게 목적인 것처럼 덜 중요하고 불필요한 일에 관심을 쏟는다. 우선순위가 낮은 활동을 계속 바쁘게 하다 보면, 특별한 목표와 꿈을 달성하는 데 필요하고 실제로 중요한 활동에 집중하기는커녕 멀리하게 된다. 우선순위가 높은 행위를 하면 특별한 결과가 따라오므로 두렵게 느껴질 수도 있다. 하지만 이런 결과는 우리 삶에서 중요한 의미를 지니고 있으며 자연스럽게 '내게 자격이 있다'고 느끼게 만든다. 우선순위가 낮은 행위만 계속하면 성공할 자격이 있다는 느낌이 점점 사라진다.

자신의 잠재력을 부정하는 사람들

▬▬▬▬ 이제 내가 서른일곱 살에 무척 희귀하고 공격적인 암을 진단받았던 이야기를 하고자 한다. 처음 항암 치료를 하면서 내 몸무게는 76킬로그램에서 58킬로그램으로 빠르게 줄어들었다.

단 3주 만에 체중이 20킬로그램 가까이 감소했다. 180센티미터가 넘는 키에 몸무게는 58킬로그램이 되니 광대뼈와 갈비뼈, 엉덩뼈가 앙상하게 드러났다. 게다가 온몸의 털이 빠졌다. 흥미로운 사실은 스스로 거울을 보면 털만 없다뿐이지 예전과 같아 보였다는 점이다. 항상 봐오던 사람과 똑같은 사람 같았다.

머리로는 내 몸이 예전과 달라 보여야 한다는 걸 알고 있었다. 솔직히 20킬로그램은 엄청난 무게이고 특히 원래 마른 사람에겐 더 두드러져 보인다. 원래 체중의 4분의 1이 몇 주 만에 사라진 셈이었다. 아내 어설라에게 내 몸이 달라 보이지 않는다고 말했을 때, 아내의 표정은 그렇지 않다고 대답했다. 부모님이 좋은 마음에서 기회만 있으면 내게 무엇이든 먹이려고 한 건 말할 것도 없다. 외부에서 내게 보내는 메시지는 내가 속으로 인식하는 사실과는 전혀 달랐다. 이 경우 자신에 대한 인식이 왜곡됐다고 볼 수 있다.

나와는 반대이긴 하지만, 신체 이형증—실제로는 정상인데 몸에 이상이 있다고 생각하거나 사소한 신체적 흠 때문에 불안해하고 고통받는 증상—이 있는 사람은 이런 느낌이겠다 싶었다. 이런 사람들은 체중이 수치상으로는 분명히 정상인데도 스스로 뚱뚱하다고 생각해서 지칠 때까지 운동한다. 얼굴에 비해 코가 지나치게 크다고 생각해서 어떻게 하면 사람들이 코를 신경 쓰지 않게 할지 집착하기도 한다. 다른 사람은 알아차리지도 못하는데 말이다. 그들은 자기 몸을 정확하게 보지 못한다. 한때 나도 그랬다.

안타깝게도 사람들은 자기 잠재력에 대해서도 이렇게 판단한다. 우리는 자신의 진정한 능력을 간과한다. 하던 일을 잠깐 멈추고 내면의 목소리에 귀를 기울이면, 대부분의 사람이 무의식적으로 반복하는 부정적인 말을 들을 수 있다. '난 가치가 없다. 불행하다. 너무 바쁘다. 게으르다. 무엇부터 시작해야 좋을지 모르겠다. 그 사람이 나보다 낫다. 살면서 이런 부분을 개선하려고 노력했지만 꾸준하지 못했다.' 이런 부정적인 말은 머릿속에서 레코드처럼 끊임없이 돌아가고, 우리는 그 소리에 귀를 기울인다. 하도 많이 듣다 보니 그 말이 사실이라고 느끼고 그대로 행동하게 된다.

또한 과거에 했던 실패를 떠올리며 다시는 하지 않으리라 다짐한다. 오랜 기간 잠재력을 무시당했던 경험을 내재화한다. 자신에게 한계가 있다는 근거, 심지어 한계를 증명할 증거를 찾기도 한다. 이런 과정을 거치면서 과거의 패러다임을 기준으로 현실적이고 달성할 수 있는 목표가 무엇인지 결론짓고, 자신은 실제보다 무능력한 사람이라는 잘못된 믿음을 굳힌다. 세상에서 가장 크게 성공한 사람은 물론 그 누구도 과거를 돌아봤을 때 실패하지 않았던 사람은 없다. 중요한 건 자신을 제한하며 살 필요가 없다는 사실이다. 미래에 무한한 가능성이 있다고 생각하고 의식적으로 결정하며 살아가야 한다.

나는 내 강점과 약점을 스스로 정확하게 판단하기 힘들다는 사실을 깨닫고 20명이 넘는 지인에게 솔직한 평가를 부탁하는 이메일을 보낸 적이 있다. 수신처는 가족, 친구, 동료, 멘토, 심지어 전 여자친구도 두 명 있었다.

답장을 받고 나서 놀랍기도 하고 동기부여도 됐고, 조금은 고통스럽기도 했다. 내 모습을 3D로 보는 느낌이었다. 드디어 나라는 사람의 모든 면을 볼 수 있었다. 내가 생각하는 내 모습과 각 계각층의 다양한 사람들이 보는 내 모습이 어떤지 깨달은 것이다. 이 이메일은 내 삶을 바꿨다. 피드백을 받아들여서 종이에 적고, 그에 따라 내 행동을 바꿨기 때문이다. 다른 사람들도 이 연습을 하면서 삶이 달라졌다. 자신의 모든 면이 정확하게 보이지 않는다는 생각이 든다면(아마 대부분 그럴 것이다), 꼭 이 방법을 시도해보길 바란다.

평범했던 사람이 특별해질 수 있는 계기는 모두 과거 어느 때보다 나은 자신의 모습을 봤을 때이다. 그들은 무한한 능력에 기반을 두고 꿈을 응시했으며, 그 꿈과 일치하는 삶을 살았다. 현실성이 없어 보이기 때문에 처음에는—몇 번 해봐도—절대 쉽지 않은 일이다. 하지만 시간이 흐르면서 그 꿈을 자주 되새기면(매일 응시하면) 점점 사실처럼 느껴진다. 그 모습이 진정한 당신이기 때문이다. 결국 새로운 비전은 새 정체성이 되고, 틀림없이 새로운 현실이 된다.

세상이 정의하는 나에 갇히지 말고 스스로 정의하라

■■■■■■■   예전에 입던 바지가 몸에 꽉 낀 적 있다면, 얼마나 불편한지 알 것이다. 단추가 배를 파고들고, 평소처럼 걷기도 힘들다. 보기에도 불편하고 실제로도 불편하다.

믿기 어렵겠지만 우리는 이와 비슷한 방식으로 살아간다. 스스로 어떤 사람이 될지를 다른 사람이 좌우하게 방치하면, 결국 본능이 억압되고 변형된다. 인간의 본성은 원래 자기 방식대로 일하고, 진정 원하는 바를 이루려고 싸운다. 하지만 이제 우리는 다른 사람이 옳다고 믿는 틀에 자신을 끼워 맞춘다. 그러다 보면 원하는 대로 움직일 수 없고 다른 사람이 나를 규정하고 제한하며, 심지어 통제한다고 믿게 된다. 그리고 불편하다고 느낀다.

대개 우리는 소심하게 생각하고 선 안에 머무르며 기존 규칙에 맞춰 생활한다. 기존 규칙이란 다른 사람이 만든 규칙이다. 이런 규칙은 인간이 사회에 어울릴 수 있도록 설계됐지만, 10등급의 성공을 달성하고 싶은 내면의 욕망과는 배치된다. 나는 정규 교육을 받으면서 틀에 박힌 사고방식을 벗어나는 법이나 독특한 나만의 재능을 찾는 법은 배우지 못했다. 크게 성공한 인물이 따랐던 규칙을 배웠으면 내게 명확한 지침이 됐을 텐데, 배운 적이 한 번도 없다. 이런 교육 과정은 어디로 간 걸까?

인생의 표준은 학교에 가고, 직장에 취직하고, 65세가 될 때까지 일하면서 평범한 은퇴 생활을 할 만큼 충분히 돈을 모으는 것이다. 우리는 주변과 어울리기 위해 책임감 있고 고분고분하게 행동하고, 평범해지는 데 익숙해진다. 하지만 이런 행동은 모두 학습에서 나왔다. 당신이라는 사람의 본성, 아니 당신이 선택한 본성과는 아무런 관계가 없다.

우리는 오랫동안 학습에 길들여지면서 결국 본능을 불신하고 자신을 부정적으로 바라본다. 그리고 특별한 성공을 이룬 사람을 별난 사람으로 인식한다. 그들은 '다르다'고 말이다. 어린 시절부터 다른 사람이 내 잠재력을 판단하게 내버려둔다. 그 틀에 자신을 억지로 맞추는 게 가장 쉬운 방법이기에 그대로 따르며 살아왔다. 그래서 지금 우리는 이렇게 '이것보다는 잘할 수 있는데' 하고 아쉬워하며 해소할 방법을 찾고 있다.

◉ 현실 속에서 한계 극복하기

최근 평생 잊지 못할 사람을 소개받았다. 22세의 닉 산토나스타소Nick Santonastasso이다. 닉은 무척 희귀한 유전병인 한하르트 증후군Hanhart syndrome을 지니고 태어나서 두 다리가 없고 오른팔은 제대로 형성되지 않았으며, 왼쪽 팔에는 손가락 하나만 있다. 닉이 2014년에 유튜브에 게시한

'내 인생 이야기My Life Story'에 따르면 세상에 알려진 한하르트 증후군 환자는 전 세계에서 12명에 불과하다. 이 병을 앓는 사람 중에 살아 있는 사람은 닉을 포함해서 4명뿐이다.

놀랍게도 닉은 신체적 한계에도 불구하고 취미나 꿈을 포기하지 않았다. 스케이트보드를 타는 한편 보트를 앞세우고 웨이크 서핑을 한다. 고등학교 시절 레슬링 대표팀 소속이었고, 피트니스 대회에 출전한 적이 있으며 지금도 피트니스 모델이다. 닉은 CNN과 FOX 채널에 출연했고 배꼽을 쥐게 만드는 유튜브 비디오로 인터넷 스타가 됐다. 열두 살에 TV 프로그램 〈투데이〉에 출연했을 때, 무한한 자신감이 어디에서 나오느냐는 질문을 받자 닉은 불가능한 일이란 없다는 걸 알고 있으며, 그저 재미있어 보이고 마음에 들 것 같은 일을 하고 싶을 뿐이라고 대답했다. 실패해도 다시 일어나서 시도하면 되니까 두렵지 않다고 했다.

닉은 지극히 불리한 조건을 갖추고 태어났지만 자신이 누구이고 무엇을 원하는지 의심한 적이 없으며, 직접 특별한 삶을 창조했다. 세상의 시선이 자신을 정의하게 내버려두지 않았다. 무슨 일이 있어도 자신이 누구인지 잊지 않았고 스스로 위대해질 운명을 지녔다는 걸 알고 있었다. 다른 선택은 불가능했다. 닉은 보디빌더와 피트니스 모델일 뿐 아니라 이제 동기부여 강사가 되어 감동적인 메시지를 전하고 있다. 나는 닉에게 내년 '생애 최고의 해(청사진)' 행사에 기조연설을 해달라고 부탁했다.

닉이 마음속 깊이 깨달은 것처럼 우리도 스스로 더 잘할 수 있다는 사실을 알고 있다. 우리는 더 의미 있는 삶을 살고, 세상을 변화시키고 싶어 한다. 그리고 많은 사람이 둘 다 가능하다는 내면의 목소리를 듣는다. 그 목소리는 작고, 두려움과 불안 탓에 들리지 않을 때도 있지만 분명 울리고 있다. 당신도 이 소리를 듣지 않았는가?

그렇다면 당신은 자신을 어떻게 정의하는가?

아직 이 질문에 제대로 대답할 수 없다고 해도 걱정할 필요는 없다. 대답할 수 있는 사람은 별로 없기 때문이다. 하지만 우리는 다른 사람이 붙인 꼬리표를 횡설수설 늘어놓으며 그것이 절대적인 진리라고 생각한다. 나는 아내나 남편, 엄마나 아빠, 변호사나 학생, 주부나 가장이며, 창조적이거나 분석적이다. 이런 꼬리표는 끝없이 이어질 수 있지만, 진정으로 무한한 당신의 특성을 제대로 묘사할 수 있을까?

어린 시절에는 누구나 하나씩 꼬리표를 달고 있었다. 의학적 진단을 받아서 생기기도 하고, 가족이나 친구들이 별명을 붙여주기도 한다. 문제는 어릴 때 붙은 꼬리표 그대로 성장한다는 데 있다. 우리 중 누군가는 천사(내 여동생)였고, 또 누군가는 말썽꾸러기(나)였다. 물론 훌륭한 운동선수나 예술가도 있을 것이다.

이런 이름과 꼬리표 덕분에 주변 사람들의 평가에 기반을 둔 정체성이 형성됐다. 우리는 다른 사람들의 인식을 바탕으로 자신이 누군지 빠르게 배웠다. 사람들이 붙여준 꼬리표가 어떤 친구들을 만날지, 무엇을 좋아하고 싫어할지, 미래에 대해 어떤 야망을 품을지 일정 부분 영향을 주기도 했다.

유치한 어린 시절의 별명이나 의학적 진단이 무조건 나쁘다고 말할 생각은 없다. 애정 표현으로 별명을 붙일 때도 많으니까(아직도 나는 열다섯 살에 라디오 DJ를 할 때 어머니가 붙여준 별명 '요, 이봐할Yo Pal Hal'로 통한다). 의학적 진단은 몸 상태에 따라 적절히 조치를 취할 수 있는 지침이 된다. 문제는 이런 별명과 꼬리표가 우리를 정의하고 제약하게 내버려둘 때 발생한다. 이런 제약은 성인이 될 때까지 쫓아다니며, 우리는 계속해서 다른 이의 시각에 기대어 자기가 누군지 판단한다.

나는 내 아이들을 대할 때 특히 이 점을 의식해서 아이들이 꼬리표에 휘둘리지 않도록 보호하려고 한다. 예를 들어 내 딸은 자기가 ADHD라고 생각하는데, 나는 딸이 왜 그렇게 생각하는지도 모른다. 딸은 정식으로 그런 진단을 받은 적이 없고 선생님 중에 그런 말을 한 사람도 없다. 내가 ADHD(나는 성인 ADHD라는 진단을 받았다) 얘기를 할 때 들었을지도 모르겠다. 하지만 딸이 그런 생각을 하는 이유와 상관없이, 그렇게 스스로 진단을 내리고 자기 잠재력을 의심하지 않기를 바란다.

나는 딸과 대화하면서 ADHD는 누군가에게 긍정적으로 작용할 수도 있는 성격 특성이라고 설명했다. 이 증상 덕분에 오히려 창조력을 발휘해서 훌륭한 아이디어를 낼 수도 있다고 했다(한 가지 생각에서 다른 생각으로 끊임없이 튀어나가기 때문이다). 또한 구글에 'ADHD 진단을 받은 유명인이나 성공한 사람들'을 검색한 뒤 그런 진단을 받았어도 스스로 한계를 지우지 않았던 사람들의 사례를 보여주고, 그들의 성취야말로 ADHD의 장점을 증명하는 증거라고 했다. 또한 계속 집중하는 게 조금 어렵기는 하겠지만 그렇다고 '불가능하다'는 뜻은 아니라고 설명했다. 나는 딸에게 본인을 제외한 누구도 그 사람의 잠재력을 정의할 수 없다고 말하고 싶었다. 딸은 가끔 다른 사람보다 내가 하는 설명을 잘 받아들인다. 어른들처럼 자신의 한계와 싸우기도 한다.

왜 우리는 한계를 정당화하는가

████████   누구나 상처받거나 실망한 적이 있다. 상황이 계획대로 흘러가지 않을 때도 있다. 어느 쪽이든 실망스러운 일이다. 하지만 더 실망스러운 일은 자기 세상 전체를 이런 경험으로 채울 때 발생한다. 다시 상처받을까 봐 두려워서 위험을 감수하지도, 기회를 잡으려 하지도 않는다. 그러면 계속 소극적으로 살아갈 수밖에 없다.

더 끔찍한 건 이런 상처 때문에 스스로 한계를 주장하며 자기 파괴적인 주기에 갇힌다는 사실이다. 연관성 없는 독립적인 경험일 뿐인데, 원하는 걸 가질 수도 없고 뜻대로 할 수도 없다는 믿음을 자꾸만 키워나가는 것이다. 자신에게 자격이나 능력이 없거나, 혹은 실패하리라 생각해서 새로운 기회가 올 때마다 거부한다. 그러고는 머리를 긁적이며 왜 꿈꿔왔던 삶이 제대로 펼쳐지지 않는지 의아해한다.

'난 부정적인 게 아니라 현실적인 거야'라고 말하면서 자기 불만을 정당화하는 사람을 본 적 있는가? 자기 한계를 주장할 때 전형적으로 그런 말을 한다. 따져보면 논리적인 말도 아니다. 생각해보자. 무한한 능력에 초점을 맞추고 말로 표현하는 것보다(용기를 북돋우고 무엇이든 이룰 능력이 있다는 사실을 떠올리게 한다) 한계에 초점을 맞추고 말로 표현하는 게(틀림없이 좌절에 빠지고 실패해서 제대로 개선할 수 없게 만든다) 어떻게 더 '현실적'일 수 있을까? 둘

다 똑같이 현실적이지만, 어느 쪽에 집중하느냐에 따라 현재와 미래에 펼쳐질 삶의 질은 확연히 달라진다.

게다가 무엇이 가능하고 또 불가능한지 정확히 아는 사람은 없다. 우리는 무엇을 모르는지 모른다. 한때 불가능하다고 생각했다가 가능해지고, 결국 일반적인 일이 되는 사례가 매일같이 생긴다. 과거에 전문가들은 인간이 1.6킬로미터를 4분 안에 뛸 수 있으리라 생각하지 않았다. 알다시피 1954년에 영국 육상 선수 로저 배니스터Roger Bannister가 1.6킬로미터를 3분 59.4초에 주파하면서 기존의 불가능은 현실이 됐다. 46일 후에는 존 랜디John Landy가 배니스터의 기록을 깼다. 이제 고등학교 학생들도 예사롭게 4분대를 돌파한다.

이메일과 문자 메시지, 팩스가 나오기 전에 편지나 서류를 전달하려면 사람이 사람에게 전달하는 재래식 우편만 가능했던 때를 기억하는 이가 있으리라 믿는다. 나는 GPS가 없었을 때는 어떻게 낯선 곳에 운전해 갔는지(특히 밤에) 잘 기억이 나지 않는다. 지금은 손바닥에 붙어 있다시피 한 휴대전화가 없었던 시절도 그리 옛날이 아니다. 지금 우리 집에는 알렉사라는 말하는 로봇이 있다. 알렉사는 우리 가족에게 음악을 틀어주고 메모를 작성하며, 조리법을 찾아준다. 아이들에게 이야기를 들려주고 불을 켜고 끄고, 인터넷으로 물건을 사주는 등 수없이 많은 기능을 한다. 몇 년 전까지만 해도 SF 영화에서나 가능했던 일이 이제 일상이 됐다. 이런 발전을 이뤄낸 사람들이 비판적인 논리에 굴복했다면, 오늘날 우리가 살아가는 세계는 지금과는 아주 달랐을 것이다.

미래가 어떻게 진행될지, 우주는 실제로 어떻게 작용하는지 생각하면 우리가 지금 이해하는 것보다 훨씬 많은 것이 존재할 가능성이 높다. 인간의 무한한 본성에 대해서도 건전한 비판도 좋지만 건전한 낙관은 더 좋다.

이 모든 갈등을 극복하는 길

■■■■■■   우리 앞에 이렇게 장애물이 많은데 어떻게 하면 내면의 갈등에서 벗어나고 삶의 모든 영역에서 무한한 성공을 거둘수 있을까? 많은 사람이 수년간 치료나 코칭에 막대한 돈을 쓰고 행복을 찾겠다며 아등바등해왔다. 나는 치료법이나 개인 코칭이 쓸모없다고는 생각하지 않는다. 오히려 둘 다 아주 중요하게 생각한다. 하지만 우리가 살펴보고 있으며 이제는 아주 익숙한 개념인, 간단하면서도 삶을 바꿀 두 가지 결심에 따라 살아가면 많은 혜택을 보리라고 믿는다. 바로 확고한 신념과 남다른 노력이다. 1장에서 논의했던 순환 고리를 기억하는가? 이제 이 고리를 아주 중요하게 다룰 예정이다.

당신이 진정한 특권을 향해 도약했고 원하는 대로 무엇이든 이룰 자격이 있다고 믿으며 기꺼이 노력한다면, 스스로 한계를 지우는 대신 무한한 능력을 적극적으로 받아들이고 자기 삶을 개선하는 데 필요한 힘과 의욕을 쌓을 수 있다. 이런 행위를 반복할수록 모든 게 더 진실해지며 결국 신념도 확고해진다. 또한 스스로 무엇이든 할 수 있다는 사실을 깨닫는다. 무엇을 할 수 있고 할 수 없는지 결정하는 존재는 자신이기 때문이다. 결코 당신의 과거가 아니다. 부모도, 사회도 아니다. 오직 당신만 가능하다. 아주 오랫동안 이 두 가지 결심을 유지하면, 무한한 가능성과 스스로 지운 한계 사이에서 발생하는 내면의 갈등에서 벗어나 자유로워질 수 있다.

이런 순환 고리를 거치면 가시적이고 측정 가능한 기적을 자동으로 일으킬 준비를 마칠 수 있다. 간단해 보이는 두 가지 결심만으로 평생 겪을지도 모르는 내면의 갈등에서 벗어날 수 있다니 약간 실망스러운 결론일지 모르겠다. 하지만 사실이다. 기회에 대한 비합리적인 두려움 때문에 직접 경험해보지도 않고 단념해선 안 된다.

인간의 내면적 갈등이 네 가지 대표적인 형태로 어떻게 나타나며, 이런 갈등을 극복할 방법은 무엇인지 이해했으니 다음 장으로 넘어가도 좋을 듯하다. 다음 장에서는 기적의 공식이 효과를 발휘하도록 감정을 최적의 상태로 가다듬는 방법을 소개한다. 힌트는 자신을 가로막는 부정적인 감정을 모두 해소해야 한다는 것이다. 앞으로 읽게 되겠지만 부정적인 감정을 해소하는 데는 5분이면 충분하다. 정말이다.

4장

감정에
휘둘리지 않는 법

◇◇◇◇◇◇◇◇

자신을 가로막는
부정적인 감정을
어떻게 해소할 것인가

지금 이 순간 겪는 고통은 항상 그 대상에 대한 거부나
무의식적인 저항이 어떤 형태로든 드러나면서 발생한다.
저항은 생각 차원에서는 판단이라는 형태를,
감정 차원에서는 부정이라는 형태를 띤다.
_ 에크하르트 톨레Eckhart Tolle

정신없이 바쁜 아침은 상상만 해도 싫지 않은가? 안 그래도 늦었는데 차를 몰고 나가자마자 고속도로에서 사고로 인해 차들이 꿈쩍도 하지 않는다면? 볼일을 보러 가야 하는데 하필이면 그날따라 도로에 차들이 꼬리를 물고 늘어서 있다니. 더 끔찍한 일은 사고 당사자 역시 오늘 아침 늦어서 서두르다가 변을 당했다면? 우선 당신은 안됐다고 생각할 것이다. 나보다 더 운이 안 좋구나. 물론 잠깐은 사고 당사자들이 괜찮기를 바라겠지만, 생각의 방향은 곧 자신에게로 돌아와서 끝없는 걱정거리를 떠올리기 마련이다.

혹은 아주 큰 거래를 마무리할 예정이었다고 하자. 몇 달 동안이나 작업해온 일이다. 계약이 성사되면 회사는 많은 돈을 벌 수

있고, 업계에서 위상도 한층 올라갈 것으로 기대한다. 놀랍게도 지금까지 세부 사항이 전부 맞아떨어졌다. 이제 계약서에 서명만 받으면 된다. 하지만 거래처 담당자가 약속한 날에 계약서를 보내지 않는다. 계약서를 확인하려는 순간, 상대편에게서 이번 계약을 취소한다는 공포의 이메일을 받았다. 이럴 수가! 당신은 그 이메일을 세 번이나 읽은 뒤, 자기 사무실의 문을 닫은 채 날아간 계약을 곱씹으며 온종일 절망에 빠진다.

콘서트 표 두 장을 사서 사랑하는 사람과 함께 가기로 했다면 어떨까. 당신이 가장 좋아하는 밴드의 공연이고, 두 사람 다 몇 달이나 이날 저녁을 기다렸다. 당신은 공연 전에 두 사람이 먹을 저녁 식사를 예약했고 특별한 밤을 위해 새 옷까지 준비했다. 사랑하는 사람 말고는 다른 이와 같이 갈 생각은 전혀 없으며, 무슨 일이 있어도 이 공연을 보러 갈 작정이다. 하지만 공연을 일주일 앞두고 연인이 갑자기 출장을 가야 한다는 것이다. 그날 이후 당신은 들어줄 사람만 있으면 붙잡고 얼마나 실망했는지 불평을 쏟아낸다.

살면서 정말 힘들 때가 가끔 찾아온다. 삶에는 우리가 손쓸 수 없는 측면이 많지만, 이렇게 속수무책이라는 느낌은 아무도 좋아하지 않는다. 하지만 고통의 저편에는 빛이 존재한다. 5분 안에 부정적인 감정을 모두 제거해줄 검증된 방법이 있기 때문이다. 잠깐 준비 삼아 부정적인 감정과 가시적이고 측정 가능한 기적이 어떤 관계일지 생각해보자.

우리가 논의했듯 기적은 가능성에서 태어난다. 가능성이란 인간은 무엇이든 할 수 있고, 기꺼이 노력할 마음이 있다면 어떤 분야에서든 성공할 자격이 있다는 개념이다. 하지만 감정적으로 최적의 상태가 아닐 때는—스트레스나 두려움, 걱정, 후회 등 무엇이든 불쾌한 기분이 들 때는— 당신에게 어떤 가능성이 있는지 생각하지 않는다. 그럴 때는 철저히 계획을 세우거나 문제를 해결할 창조적 방법을 구상할 기분이 들지도 않는다. 기운이 빠지고 부정적인 감정에 젖어 있을 뿐이다. 말하자면 상처를 핥고 있는 셈이다. 그 와중에 여러 가지 가능성이 당신을 그냥 지나쳐간다. 당신의 뇌에는 부정적인 감정 말고는 다른 감정이 들어갈 자리가 없기 때문이다.

지금까지 느꼈던 모든 부정적인 감정의 근본 원인이 무엇인지 생각해본 적 있는가? 분노, 좌절감, 슬픔, 비애, 두려움, 실망, 지루함, 증오, 짜증, 당황, 죄책감, 걱정 등 말 그대로 모든 부정적인 감정 말이다. 곰곰이 생각해보면 나쁜 감정이 생길 때마다 떠오르는 원인이 다를 것이다. 우리는 항상 부정적인 감정의 원인을 다른 대상이나 누군가에게 돌린다. "그가 한 말 때문에 화가 난다." "그 일로 기분이 나쁘다." "그것(그 사람)을 잃어서 슬프다." "할 일이 너무 많아서 스트레스를 받는다." "일이 계획대로 되지 않을까 봐 걱정이다." 우리는 기대에 못 미치는 환경, 상황, 사람 탓에 감정적인 고통을 겪는다고 오해하지만, 그건 완전히 잘못된 생각이다.

감정적으로 고통스럽거나 마음이 상하는 건 외부에서 벌어지는 일과는 별로 상관없고, 모두 우리 내면에서 벌어지는 일과 관련이 있다. 이 장을 읽고 나면 다시는 상처 받을 필요가 없다. 이제부터 배울 내용은 인간의 본성과 상반되며, 흔히들 부정적인 감정을 일으킨다고 생각하는 원인과도 대치된다. 감정에 휘둘리지 않으면 자신의 감정을 통제할 수 있고, 본인이 원하지 않는 이상(곧 알게 되겠지만 실제로 원할 때가 있다) 다시는 감정적인 고통을 겪을 필요가 없다.

부정적인 감정 책임지기

■■■■■■ 가혹하다는 건 알지만 말할 수밖에 없다. 당신이 느꼈던, 그리고 지금 느끼고 있으며 앞으로 느낄 고통스러운 감정은 스스로 만들어냈고, 얼마든지 선택 가능하다. 어느 정도 수준인지는 상관없이 마음속에서 갈등을 일으키는 고통스러운 감정, 심지어 불편한 감정까지 모두 포함해서 하는 말이다.

하지만 과거와 현재의 모든 감정적인 고통을 해소하고 앞으로 고통을 느끼지 않을 능력이 있다면 어떨까? 달리 말하면, 당신은 오늘부터 평생 부정적인 감정을 만들어내지 않고 고통을 느끼지 않으며 살아갈 힘이 있다. 감정에 휘둘리지 않는다는 건 바로 그런 뜻이다.

나는 외부 상황이 아무리 어려워도, 누구나 선택하기에 따라서 부정적인 감정에서 완전히 자유로워질 수 있다는 걸 깨달았다. 당시 이야기를 해보려고 한다.

스무 살 때 내 인생에는 감정적으로 온갖 역경이 들이닥쳤다. 컷코 영업 콘퍼런스에서 연설을 마치고 집으로 운전하고 오는 길에, 시속 113킬로미터로 달리던 음주 운전 차량이 내 차와 정면으로 충돌했고 그와 비슷한 속도로 운전하던 차량이 내 차 옆구리를 들이받았다. 두 번째 차는 음주 운전 차량은 아니었지만 운전석 문과 부딪치면서 대부분의 피해가 발생했다. 감사하게도 다른 사람은 아무도 다치지 않았다. 하지만 나는 운이 없었다.

두 번째 차가 내 차를 들이받았을 때 그 충격이 내 몸 왼쪽에 전달됐고 즉시 대퇴골, 안와, 골반 세 군데를 포함해 뼈가 11군데 골절됐다. 사고가 나고 50분 후 소방대원이 공구로 내 포드 머스탱을 절단한 다음에야 겨우 빠져나올 수 있었고, 그때 거의 죽기 직전까지 피를 쏟았다. 내 심장은 6분 동안 멈췄다. 다행히도 나는 소생해서 헬기로 병원으로 옮겨졌고, 그 후 6일 동안 혼수상태에 빠졌다.

마침내 혼수상태에서 깨어났을 때 의사들은 내게 평생 휠체어 신세를 져야 할 거라고 말했다(일어나자마자 듣기에 반가운 뉴스는 아니다). 믿기지 않았다. 그 나이라면 누구든 감당하기 힘들었을 것이다. 나는 스무 살이었고, 이런 생각이 들었다. '이럴 수는 없어. 아직 못 이룬 꿈이 많은데, 걸어야 할 수 있는 일들이란 말이야.'

나는 숨을 깊이 들이마셨다. 반사적으로 나온 반응은 일단 제쳐두고 의사가 방금 말한 내용을 다시 생각했다. 그 순간 병원 침대에서 어떻게 반응할지 스스로 책임져야 하고, 그 반응을 내가 선택할 수 있다는 생각이 들었다. '이건 불공평해. 이럴 수는 없어. 이런 일이 생기다니 정말 끔찍해. 내 삶은 이젠 끝이야.' 이런 말을 하며 절망에 빠질 수도 있다. 혹은 '이 상황 자체를 바꿀 수는 없어. 환경 때문에 상심해봤자 아무 의미도 없지. 난 감사할 게 많아. 내 삶은 내가 만들어가는 거야.' 이렇게 말하며 스스로 격려하고 힘을 낼 수도 있다. 현실을 부정하고 나쁜 생각이나 감정에 집착할 수도 있고, 무조건 내 현실에 수긍하고 감정적인 고통에서 벗어날 수도 있다. 나는 후자를 선택했다.

나는 새로운 현실을 조건 없이 받아들이기로 했다. 차에 치여서 뼈 11군데가 골절됐고, 영구적인 뇌 손상을 입었으며, 의사들은 내가 다시는 못 걸을 거라고 생각한다. 이렇게 현실을 수용하기까지 5분이 걸렸다.

5분이라고? 말도 안 돼! 아마 독자 여러분은 이렇게 생각했을 것이다. 한발 나아가서 그런 일이 어떻게 가능한지 궁금해할지도 모르겠다. 사고가 나기 전 18개월 동안 영업직에서 일하면서 나도 모르게 뇌를 이 순간에 대비하게 만든 것이다. 수용(부정의 반대말)은 내 감정의 기본적인 자세였다.

모든 감정과 생각을 분출하는 5분의 법칙

██████████ 병원 침대에 누워 있는 동안, 컷코에서 나를 처음으로 담당하며 훈련시켜준 진정한 기적 전문가인 제시 러빈Jesse Levine이 가르쳐준 내용을 곰곰이 생각했다. 5분의 법칙이라고 하는데, 기본적으로 '어떤 일이 계획대로 되지 않았을 때 속상해해도 괜찮지만, 5분을 넘기면 안 된다'는 원칙이다. 제시는 실패나 실망, 그 밖에 무엇이든 원치 않는 일을 겪으면, 휴대전화로 5분 타이머를 맞추고 5분 동안만 괴로워하라고 했다.

욕하고, 투덜거리고, 울고, 불평하고, 분통을 터뜨리고, 벽에 주먹질하고, 뭐든 내키는 대로 해도 좋다. 하지만 단 5분이다. 5분 동안 감정을 분출할 수 있는데, 시간이 제한적이므로 불필요하고 해로울 정도로 오랫동안 그 일에 깊이 빠져드는 사태를 방지할 수 있다. 또한 대다수의 사람이 그렇듯 끝없이 부정적인 감정을 표현하면서 더 기분이 나빠지는 감정의 블랙홀에 빠지지 않게 도와준다.

제시는 타이머가 꺼지면 '바꿀 수 없다'고 크게 외치고, 바꿀 수 없는 대상에 저항하는 것 ─감정적인 에너지를 소모하고 없었던 일이 되길 바라는 것—은 무의미할 뿐만 아니라 고통스럽다는 사실을 깨달으라고 했다. 저항할수록 감정적으로 고통스럽기만 하고, 자기 고통의 원인이라고 생각하는 그 사건을 바꾸지는 못한다.

내가 처음 5분의 법칙을 배웠을 때 '아니, 5분이라고? 힘든 일을 겪었는데 5분 갖고는 안 될 것 같은데?' 하고 생각했던 기억이 난다. 그러다 그 법칙을 적용하기 시작했다. 나는 고객이 전화로 주문을 취소하면, 전화를 끊자마자 휴대전화 타이머로 5분을 설정했다. 그리고 서성이며 욕도 하고, 부정적인 생각과 감정을 마음껏 분출한다. 이런 일이 없었기를 바라며 현실을 부정한다. 그러다 타이머가 울린다. 그럼 어떻게 될까? 생각했던 대로 여전히 속상했다. 5분 갖고는 어림도 없어! 나는 머릿속으로 소리를 질렀다. 하지만 이런 일을 반복하다 보니 놀랍게도 몇 주도 채 되지 않아서 모든 상황이 바뀌었다.

휴대전화에 타이머를 설정한 뒤 서성거리며 욕을 하다가, 휴대전화를 집어 들고 아직 속상해해도 되는 시간이 4분 16초나 남았다는 사실을 발견했다. 하지만 내가 선택하기에 따라 계속 현실을 부정할 수도, 아니면 그 일은 이미 지나갔고 어쩔 도리가 없다는 사실을 완전히 수용할 수도 있다는 것을 깨달았기에 후자 쪽으로 마음이 기울었다. '남은 4분 동안 계속 괴로워할 필요가 있을까? 그 시간 동안 대책을 마련하면 발전할 수 있을 텐데?' 하고 생각했다. 말하자면 감정에 휘둘리지 않을 만큼 강해지기 시작했고, 예전보다 훨씬 빠르게 무조건 현실을 수용할 결심을 할 수 있었다.

5분의 법칙이 아주 효과적인 이유는 감정적인 고통의 정체를 명확하게 알려주기 때문이다. 우리가 고통을 느끼는 원인은 경험이나 환경, 사건 자체가 아니다. 삶을 있는 그대로 받아들이지도, 앞으로 나아가지도 못하기 때문에 고통스러운 것이다.

고집스럽게 버티면서 어떻게 이럴 수가 있느냐며 현실을 부정할 때 고통과 비생산적인 감정이 우리를 장악한다. 그 사건이 5분, 5개월, 혹은 50년 전에 일어났다고 해도 마찬가지다. 계속 저항하고 현실을 부정하는 한, 우리는 계속 고통스러울 수밖에 없고 앞으로도 영원히 고통받을 것이다. 하지만 현실을 받아들이는 순간 자유로워진다.

그때 병원 침대에서 나는 새로운 현실을 5분간 부정했다. 그리고 현실을 바꿀 수는 없으며, 저항해봤자 아무런 의미도, 가치도 없다는 사실을 떠올렸다. 나는 현실을 완전히 받아들이겠다고 의식적으로 선택했다. 정말 5분 만이었다. 말은 쉽다고 생각하는 독자가 있을 텐데, 그 역시 사실이다. 새로운 것은 무엇이든 행동보다 말로 하기가 쉽다.

하지만 내가 그렇게 빨리 5분의 법칙을 적용할 수 있었던 이유는 사고가 나기 전 1년 반 동안 꾸준히 연습했기 때문이라는 사실을 기억해야 한다. 그리고 괴로워해도 되는 제한 시간이 5시간이나 5일이라고 해도, 그 사건이 있었다는 사실을 부정하며 평생 나쁜 영향을 받느니 현실을 있는 그대로 받아들이는 편이 훨씬 나았을 것이다.

그다음 이틀 동안, 여전히 침대에서 새로운 현실에 대해 생각했다. 늘 휠체어로 다니면 차는 어떻게 타고 내려야 할까? 일은 어떻게 해야 할까? 데이트는? 아주 많은 생각을 했다. 그리고 결론은 늘 같았다. 내게는 감사할 일이 아주 많고, 얼마든지 내가 원하는 대로 삶을 꾸려나갈 수 있다.

물론 그런다고 행복해지지는 않는다

■■■■■■ 한 가지는 확실히 짚고 넘어가자. 평생 휠체어에 의지해야 할지도 모르는데 그 상황에서 내가 행복했던 건 아니었다. 실제로 그렇게 될 가능성이 높다는 사실을 담담히 받아들였을 뿐이다.

많은 철학자가 삶의 궁극적인 목표로 행복을 꼽는다. 물론 행복이 나쁘다는 건 아니다. 나도 행복해지고 싶다. 하지만 행복은 감정이고, 감정은 순식간에 사라진다. 분명 행복했는데 불쾌한 대화 때문에 갑자기 기분이 바뀌는 경험을 한 적이 있을 것이다. 한순간 행복했다가도 그다음 순간 불쾌해질 수 있다. 그러니 행복이란 우리가 생각하는 만큼 중요한 것이 아닐지도 모른다.

내가 이번 소제목을 '물론 그런다고 행복해지지는 않는다'라고 지은 이유는, 원치 않는 일이 벌어졌을 때 이를 받아들인다고 해서 만족한다는 뜻은 아니기 때문이다. 개인적으로 교통사고를 당하고 다시 못 걸을 수도 있다는 말을 들었을 때 행복하지는 않았다. 시간이 흘러 암 진단을 받고 대단히 암울한 예후에 관해 설명을 들었을 때도 전혀 행복하지 않았다. 회의에 늦었는데 차가 막힐 때도 마찬가지다. 감사하게도, 현실을 수용하면 단순히 행복하다는 느낌보다 훨씬 강력한 효과를 얻을 수 있다.

세상의 감정이 크게 긍정적인 감정과 부정적인 감정 두 가지로 나뉜다고 해보자. 행복, 기쁨, 흥분, 감사, 사랑과 같은 긍정적인 감정은 내면에서 좋은 에너지를 만들고 기분을 띄워준다. 두려움, 분노, 질투, 후회, 억울함 같은 부정적인 감정은 불쾌한 에너지를 만들고 기분을 가라앉힌다. 긍정적인 감정과 부정적인 감정 사이에는 평정심이 존재하며, 우리는 그 영역을 추구해야 한다. 평정심은 감정이 아닌 일종의 상태다. 평정심은 긍정적이거나 부정적인 감정과 관련이 없고 중립적이다.

평정심은 의식의 수준이다. 더 정확하게 말하면 의식적인 인식이며, 언제든 원하는 감정을 고를 수 있는 공간이다. 이 공간은 우리가 무엇이든 창조할 수 있도록 감정적인 여유를 주며, 이곳에서 기적이 시작된다. 또한 수용이라는 출입구를 통해 언제든 들어갈 수 있는 확고한 상태로 존재한다. 우리 삶에서 바꿀 수도, 통제할 수도 없는 모든 상황과 환경을 기꺼이 받아들일 때만 평정심을 얻을 수 있다. 달리 말하면 수용이야말로 감정에 휘둘리지 않는 비결이다.

나는 내 손에서 벗어난 모든 것(얼굴과 팔, 상반신, 다리 등 온몸에 난 영구적 흉터는 물론이고 교통사고, 골절, 뇌 손상, 병원에서 사는 일, 다신 못 걸을 가능성)을 받아들이면서 평정심을 얻었고, 스스로 만들어낸 감정적인 고통으로부터 자유로워졌다. 모든 저항과 불필요한 고통을 놓아주고 현실을 수용하자, 내가 통제할 수 있는 일에 에너지를 집중할 여유가 생겼다. 뜻밖에 상상조차 힘든 환경에 처했지만, 생각대로 멋진 삶을 창조할 수 있는 공간이 생긴 것이다.

당시 나를 치료했던 의사들에 의하면 이런 소식을 듣고 나처럼 반응하는 경우는 거의 없다고 한다. 사람들은 대부분 자동으로 새 현실을 부정하고 부족한 점을 찾아낸다. 앞으로 펼쳐질 삶에 겁을 먹고, 부정적인 감정에 휘말려도 된다고 생각한다. 아니 그렇게 해야 한다고 생각한다. 이런 반응이 일반적으로 '정상적'이다. 3장에서 살펴봤듯이 우리 뇌는 항상 위험을 살피고 집중하도록 설계되어 있다. 언제든 기대와 어긋나는 일이 발생하면 이런 부정적인 감정에 빠지기 마련이라는 뜻이다. 솔직히 말해서 '마음껏 부정적인 감정을 느껴도 되는 허가증'이 있다면, 음주 운전자 때문에 머리를 다치고 다시는 걷지 못하리라는 의사의 말을 들은 사람은 아마도 발끈 대상 1순위일 것이다.

나는 새로운 현실을 받아들였지만, 의사들은 충격적인 사건을 겪은 환자의 전형적인 대응 패턴에만 집중했다. 부모님 말씀으로는(의사들이 하는 말을 내게 전달해주셨다) 사고가 난 지 3주일, 혼수 상태에서 벗어난 지 1주일쯤 됐을 때, 정신과 의사인 레비 박사가 병원에서 내 부모님과 마주치자 자기 사무실로 들어오라고 손짓했다고 한다. 부모님이 맞은편에 앉았을 때 그가 말했다.

"안녕하세요 마크, 줄리. 와주셔서 고마워요. 할의 몸과 정신, 감정이 어떤 상태인지 알려드릴게요." 박사는 내가 신체적으로는 아주 잘하고 있다고 설명했다. "몇 주 동안 본인은 물론 부모님도 많이 힘드셨을 겁니다. 그래도 최악의 고비는 지났으니까 앞으로 오래오래 건강하게 살 수 있을 거예요."

어머니는 울음을 터뜨렸고 아버지도 눈물을 글썽였다. 아버지는 어머니 어깨를 껴안았다. 레비 박사가 계속 말했다. "하지만 한 가지 걱정되는 부분을 해결했으면 합니다. 할은 정신적, 감정적으로 지금 현실을 부정하는 것 같아요." 레비 박사는 근거를 설명했다. 박사든 병원 직원이든 나와 대화해보면 늘 내가 행복해하고 낙관적이었다는 것이다. 나는 기회만 있으면 항상 농담을 던져서 사람들을 웃겼다. "전 오랫동안 사고 피해자들을 치료했어요. 할의 행동은 정상 범주를 많이 벗어나긴 했지만, 그렇게 충격적인 일을 겪은 사람이 현실을 잘 받아들이지 못하는 건 당연합니다. 할은 지금 슬픔이나 두려움, 분노, 우울 같은 고통스러운 감정을 억제하고 있을 가능성이 높아요."

박사는 내가 이런 감정을 느끼기 싫어서 일부러, 혹은 무의식적으로 밝게 행동한다고 설명했다. "어느 쪽이든 부정적인 감정은 결국 표면 위로 떠오를 테고 언젠가 현실에 직면해야 합니다. 저희는 할이 그런 과정을 병원에서 겪는 게 훨씬 나을 거라고 생각해요. 할을 지켜보면서 감정을 해소하게 도와줄 수 있으니까요. 앞으로 혼자 그런 감정을 겪으면 우울증이 생기거나, 더 심한 길로 빠질 수 있어요."

부모님은 내가 사고 후에 긍정적인 자세로 대처하는 걸 보고 진심이라고 생각하셨다. 하지만 이제 그런 모습이 망상 때문이었다는 말을 듣게 된 것이다. 두 분 모두 의자를 당겨 앉으셨다.

"'더 심한 길'이라니 무슨 뜻입니까?" 아버지가 질문했다.

"글쎄요, 사고 피해자는 충격을 받으면 다른 대상으로 관심을 돌리거나 감정적인 고통에서 잠시라도 벗어나기 위해 다양한 비행을 저지릅니다. 약물이나 알코올에 의존하는 사례가 무척 흔하고, 자살률도 상당히 높은 편이죠."

레비 박사는 내가 꼭 그렇게 된다는 뜻은 아니지만, 병원을 떠나기 전에 진짜 감정과 마주하게 해서 그 처리 과정을 의사가 도와줄 수 있게 하는 편이 가장 좋다고 설명했다.

"그러면 할이 지금 억압하고 있다는 그 감정을 터놓게 하려면 우린 무엇을 해야 하나요?" 어머니가 질문했다.

레비 박사는 부모님이 나와 대화를 해서 내 진짜 감정이 어떤지 알아보길 바랐다. 슬픔이나 두려움, 분노, 심지어 우울감을 느끼더라도 모두 정상이라고 안심시켜주라고 했다. 박사는 내가 그런 감정을 병원에서 발산하는 쪽이 안전하다는 사실을 알려주고 싶었던 것이다.

그날 아버지가 병실에 왔다. 나는 헐렁한 환자복을 입고 병원 침대에 앉아서 벽에 걸린 28인치 TV로 〈오프라 윈프리 쇼〉를 보던 중이었다. 아버지는 시뻘건 얼굴을 하고 억지 미소를 지었고, 눈에 눈물이 고여 있었다. 무엇인가 잘못됐다는 걸 금방 느낄 수 있었다.

"좀 어떠니, 할?" 아버지는 침대 옆 의자에 앉으며 물었다.

"좋은데요, 아버지. 왜요? 무슨 일 있어요?" 나는 무슨 일인지 알아내려고 아버지의 얼굴을 찬찬히 살폈다.

아버지는 내가 면회 온 사람들과 잘 어울린다는 사실은 알지만, 혼자일 때 사고나 내게 생긴 일들을 생각하며 실제로는 어떤 감정을 느끼는지 알고 싶다고 했다. 슬픈지? 두렵거나, 화가 나는지? 아니면 우울한지?

나는 아버지가 하는 말을 들으며 고개를 끄덕였지만 속으로는 깜짝 놀랐다.

아버지는 의사가 우려하는 점을 말해주면서, 내가 다시는 걷지 못하게 될까 봐 두렵고 현재 상황 때문에 우울하거나, 음주 운전자에게 화났을 마음을 충분히 이해한다고 했다. 내 감정 상태가 어떻든 100% 정상이니까 얼마든지 그런 기분을 느껴도 괜찮다고 했다.

나는 잠시 아무 말 없이 아버지가 한 말을 곰곰이 생각했다. 내가 슬프거나 두렵거나, 화가 나거나 우울한가? 의사들 말로는 나 같은 상황에 부딪힌 사람이 '정상적'으로 느낀다는 고통스러운 감정을 내가 부정하고 숨기려고 하고 있나? 혼수상태에서 깨어난 후 지난 6일 동안 나름대로 새로운 현실을 어떻게 처리했는지 돌이켜보면, 내 진짜 감정이 어떤지 표현하는 데는 그리 오랜 시간이 걸리지 않았다.

"아버지, 아버지라면 저를 잘 아시리라 생각했어요."

아버지는 눈썹을 추켜세웠지만 아무 말도 하지 않았다.

"제 신조가 5분의 법칙인 거 아시죠?"

아버지는 고개를 끄덕였다. "알지, 지난번에 네가 얘기해줬던 것 같구나."

"벌써 2주가 다 되어가잖아요. 5분은 진작 지났어요."

아버지가 싱긋 웃었다. 나는 말을 계속했다. "전 제가 바꿀 수 없는 일 때문에 속상해하는 수준은 넘어섰어요. 그 대신에 감사하게 생각하기로 했죠. 납작해진 자동차 사진을 아버지가 보여준 다음부터는 살아 있다는 게 감사하더라고요. 전 모든 일에는 이유가 있다고 생각하고, 그 이유가 뭔지 결정할 책임은 저한테 있다고 생각해요. 그러니 이제 이 일로 제가 뭘 배울 수 있을지, 이 교훈으로 어떻게 긍정적인 일을 해낼지 알아내야 해요."

나는 아버지에게 현실을 부정하는 게 아니라고 단언했다. 사실 정반대였다. 현실을 부정하기보다는 완전히 현실―과거, 현재, 미래까지―을 받아들였으니 이제 아무것도 내 감정에 영향을 미치지 못한다. 다시 걷지 못하리라는 의사들의 말이 맞다면 그 사실로 우울해할지, 아직 가진 것을 감사하게 생각할지 결정하는 것은 내 몫이다. 어느 쪽이든 평생 휠체어에 의지해 살아야 하는 건 똑같다. 나는 아버지에게 말했다.

"전 이미 그럴 가능성을 받아들였어요. 이제 평생 휠체어 신세를 져야 한다면, 지금껏 아버지가 본 휠체어 탄 사람 중에 전 제일 행복하고 감사할 줄 아는 사람이 될 거예요."

그리고 다시 걸을 가능성이 작다고 해도 아직 확실하지는 않다고 판단했다. 의사의 말을 부정하거나 반대해서가 아니란 걸 유념하길 바란다. 단순히 말해서 다시 걷게 될 확률이 낮으므로 의사들은 별로 기대하지 않지만, 가능성이 없진 않았다. 걸을 수 있을지, 어떻게 가능할지는 모르지만 걷는다는 목표를 가능성에서 있음직한 일로, 그리고 꼭 이뤄질 현실로 만들기 위해 최선을 다하기로 다짐했다.

그래서 나는 걷는 내 모습을 상상했다. 그렇게 되길 기도했다. 계속 생각하고 이야기도 했다. 아직 가능한 일이라는 확고한 신념을 버리지 않았다. 그리고 물리 치료를 하루도 빠지지 않았다. 물리 치료사가 이 정도면 됐다고 해도 나는 더 하자고 요청―가끔 고집―했다. 그렇게 남다른 노력을 기울였다. 교통사고가 난 지 3주가 지났을 때 기적이라고 할 만한 일이 일어났다. 의사들이 내 부러진 다리와 골반 엑스레이 사진을 가져온 것이다. 의사들은 나와 부모님에게 정확히 이해할 수 없는 이유로, 사고 이후 3주 만에 당장 그날 걸음을 뗄 수 있을 정도로 몸이 회복됐다고 말했다. 그리고 정말 그날 나는 걸었다.

나는 바꿀 수 없는 상황을 있는 그대로 받아들이면서 모든 감정적인 고통에서 벗어났고, 원하는 것에 에너지를 집중했기 때문에 그런 기적이 일어났다고 믿는다. 무조건 현실을 수용하면서 감정에 휘둘리지 않을 수 있었고, 그 결과 가시적이고 측정 가능한 기적을 일으켜 다시 걸을 수 있었다고 생각한다.

과거와 현재, 심지어 미래에 발생하는
감정적인 고통 해소하기

내가 코칭이나 강연을 하고 나서 대화했던 많은 사

람은 이 개념을 머리로는 이해하지만, 자신들에게도 효과가 있을 지는 확신하지 못한다. 오랫동안 감정적인 고통을 느끼는 상태에 익숙해졌기 때문이다. 그리고 고개를 갸웃한다. 내가 겪고 있는 이 끔찍한 [   ] 상황을 어떻게 받아들인다는 말인가? 그들이 내게 말할 때는 보통 어깨를 으쓱하고 눈빛은 어두워진다. 각자 어떤 상황에 부딪혔든 정말 힘들다는 사실은 잘 안다. 다들 깊은 고통을 겪고 있다.

나는 감정적인 고통의 원인은 단 하나밖에 없으며, 한 단어로 요약할 수 있다고 설명한다. 바로 저항이다. 간단히 말해서 우리가 과거에 겪었거나 지금 겪고 있는, 앞으로 겪게 될 모든 감정적인 고통은 현실을 부정하면서 스스로 만들어낸다. 이런 저항은 보통 바꿀 수 없는 현실이 달라지기를 소망하는 형태로 나타난다. 과거에 어떤 일이 일어나기를, 혹은 일어나지 않기를 바라거나 현재 일어나는 일을 부정한다. 앞으로 어떤 일이 일어날까 봐, 혹은 안 일어날까 봐 걱정(부정의 다른 형태)하기도 한다. 그리고 우리가 현실에 얼마나 저항하느냐에 따라―통제할 수 없는 일이 바뀌기를 얼마나 간절히 바라느냐에 따라―감정적인 고통의 수준이 결정된다.

카페에서 내 앞으로 길게 줄이 늘어서 있다고 생각해보자. 볼 일이 있어 다른 곳에 가야 한다면 카운터 뒤에서 사람들이 일하는 속도에 대해 비교적 사소한 저항감을 느낄 것이다. 따라서 짜증이나 조바심, 불만 등 저항감과 비슷한 수준의 부정적인 감정을 느낀다. 아니면 직장에서 갑자기 해고됐다고 해보자. 그 직장 덕분에 당신과 가족이 지금까지 먹고살았고 다른 계획은 없다. 해고된 현실에 대한 저항감은 단순히 지각할까 봐 느끼는 저항감보다 훨씬 강렬하다. 분노하고 절망하고, 미지의 세계가 두려워질 가능성이 높다.

고통의 정도와는 별개로, 위 두 가지의 가상 상황 모두 특정한 사건 때문에 우리가 감정적인 고통을 겪었다고 생각한다. 하지만 사건은 절대 원인이 아니다. 그 사건에 대한 우리의 반응과 저항이 원인이다. 똑같은 비극이 두 사람에게 닥쳤을 때를 그 증거로 삼을 수 있다. 한 사람은 자기 인생에 최악의 사건이 일어났다고 생각하고 이제 삶이 끝난 거나 다름없다고 절망하지만, 다른 사람은 현실을 받아들이고 그 비극 덕분에 배우고, 성장하고, 그전보다 나은 사람이 되겠다고 결심한다. 이처럼 같은 비극에도 다르게 반응하면서 상반된 감정이 발생한다.

원치 않는 감정적인 고통을 다시는 겪지 않을 유일한 방법은 이미 일어났거나 앞으로 일어날 모든 일을 인정하겠다고 의식적으로 결정을 내리는 것이다. 나는 이 원칙을 죽음에도 적용했다. 당신도 그렇게 할 수 있다. 다른 사람과 마찬가지로 나도 죽는 게 두려웠다. 하지만 필연적인 일을 두려워해봤자 무의미하다는 사실을 깨달았다.

말하자면 탄생과 죽음은 동전의 양면과도 같다. 바꿀 수 없는 것을 모두 인정하면(죽음은 확실히 이 범주에 속한다) 현재 삶에 대한 평정심이라는 선물을 받을 수 있다. 삶에서 바꿀 수 없는 부분이 지금, 혹은 앞으로 바뀌기를 바라면서 고통스러워하지 않아도 된다. 그렇다고 행복을 느껴야 한다는 뜻은 아니다. 다만 그 사실을 인정하고 평정심을 얻으면, 평생 불필요한 감정적인 고통에서 해방될 수 있다.

◉ 현실 속 수용 사례

처음에 강연할 때는 주로 대학교 캠퍼스를 다녔다. 캐나다 토론토에서 강연하고 2주 후, 강연에 참석했던 27세 여성 데번 테일러^{Devon Taylor}에게 이메일을 받았다. 첨부 파일에는 그날 문신했다는 손목 사진이 있었다. 문신의 글귀는 내가 가르친 단어, '바꿀 수 없다^{Can't Change It}'였다. 데번의 메일을 읽는 동안 내 눈에는 눈물이 맺혔다. 그 메일은 수용이 지니는 보편적인 힘을 좀 더 절실히 깨닫는 계기가 됐다. 데번이 그날 문신을 한 이유는 돌아가신 아버지의 10주기였기 때문이다. 다르게 말하면 데번은 아버지가 돌아가신 후 10년간 우울했고 상담을 하다가 그만두기를 반복했으며, 항우울제를 복용했다. 자신이 우울하게 사는 이유는 아버지가 돌아가셨기 때문이라고 생각했고, 주변 사람들도 그런 믿음을 굳혀주었다. '불쌍해라, 얼마나 슬플까' 하는 시선이 대부분이어서, 데번은 아버지가 돌아가시고 몇 년이 지난 후에도 그런 감정을 느껴야 한다고 믿었다.

데번은 내 강연에서 수용과 5분의 법칙, '바꿀 수 없다'는 만트라에 대한 설명을 듣고, 자기 우울증은 아버지의 죽음 탓이 아닐 수도 있겠다고 생각했다. 아버지가 없다는 사실을 계속 부정했기 때문에 10년 동안 그토록 깊은 우울증에 시달렸는지도 모른다고 말이다. 아버지가 돌아가셨다는 사실을 의식적으로 받아들일 수 있으며, 아버지가 살아 계시길 바라며 현실을 부정하지 말고 안정을 찾아야 한다고 그녀에게 말해준 사람은 아무도 없었다.

데번은 내 강연을 듣고 나서 지난 2주 동안, 거의 10년 만에 처음으로 우울하지 않았다고 한다. 그리고 익숙한 고통에 휘말리려고 할 때마다, 잠깐 멈추고 깊은숨을 들이마시며 '바꿀 수 없어'라고 중얼거린 다음 평화를 선택했다. 그리고 아버지에 대한 기억으로 고통스러워하지 않겠다는 다짐을 영원히 기억하기 위해 바꿀 수 없다는 말을 문신으로 새겼다. 감정적인 고통 대신에 아버지와 함께했던 시간을 의식적으로 깊이 감사하기로 했다.

당신이 잊지 말아야 할 점

▬▬▬▬▬　　어떤 경험이 '좋다' 혹은 '나쁘다'라고 그 순간 정확하게 판단할 수는 없다. 그 경험이 '좋다'거나 '나쁘다'라고 해석하면서 저항이 시작된다. 나쁘다고 판단하는 경험을 부정하는 것이다. 하지만 어떤 일이 일어나고 있거나, 끝난 지 얼마 안 됐을 때는 그 경험이 좋은지 나쁜지 판단하기가 어렵다. 도전이 클수록 훌륭한 교훈이 되고, 유익하게 성장할 수 있는 계기가 될 때가 많다.

나는 교통사고가 내게 가장 유익한 사건이었다고 생각한다. 사고가 나를 강하게 만들었고, 작가이자 강연자라는 천직을 선택하는 계기가 됐기 때문이다. 암 진단을 받았던 날도 마찬가지다. 나는 아내 어설라에게 이렇게 말했다. "이것도 앞으로 내 인생에서 최고의 사건이 될 거야."

보통 시간이 흐른 뒤, 옛일을 다시 생각하면서 역경 속에 가치가 있었음을 뒤늦게 깨닫는 경우가 많다. 예를 들어 누군가와 헤어지고 나서 충격을 받고 몇 주, 몇 달, 혹은 몇 년이나 고통스러웠지만 평생 함께할 인연을 만나면 예전 사랑이 끝나서 더 좋은 사람을 만날 수 있었다며 감사하게 생각할 수도 있다. '지나고 나면 그렇게 잘 보일 수가 없다'라는 말이 있다. 물론 그 말도 사실이다. 하지만 지금 벌써 고통을 받고, 이 고통 때문에 언젠가 배우고 성장할 때까지 기다릴 필요가 있을까? 무조건 현실을 수용하면 감정적인 고통으로부터 즉시(적어도 5분 이내에) 여유와 자유를 느낄 수 있다.

문제는 없다. 세상에 문제라는 건 없다. 문제라는 단어는 특정한 상황을 가리키는 명칭이다. 실제로 존재하는 건 상황일 뿐이고, 우리가 그것을 문제라고 인식하면 문제가 된다. 우리는 어떤 상황이든 문제나 기회, '나중에 결정할 일' 등 마음대로 이름을 붙일 수 있다. 이러한 꼬리표는 그 상황에 대한 우리의 인식과 경험을 형성한다. 스스로 스트레스를 생산하고 필요 이상으로 삶을 복잡하게 만들고 싶은가? 마음에 들지 않는 상황이 생길 때마다 문제라는 꼬리표를 붙이고 이미 쌓여 있는 문제 위에 또 하나를 얹어보라. 그러면 계속 너무 바빠서 10등급의 삶을 창조할 시간이 없을 것이다.

기분이 '좋다' 혹은 '나쁘다'를 정확히 판단할 수 없다. 감정은 필연적인 존재다. 우리는 인간이고, 인간은 감정적인 동물이다. 누군가 당신에게 부당한 행동을 하면 당신은 그 사람에게 화가 나거나 실망하거나, 불만이나 슬픔을 느낀다. 사랑하는 사람을 잃으면 당연히 슬픔이나 절망, 상실감을 느낀다. 이런 감정은 모두 자연스러운 것이다. 우리의 목표는 부정적인 감정을 아예 없애기보다는 그런 감정과 우리의 관계를 바꾸는 것이다.

어떤 일에 대해 초기에 느끼는 감정은 문제가 되지 않는다. 첫 느낌에 어떻게 대응하느냐에 따라 성장할 수도, 망가질 수도 있다. 어떤 일을 겪고 나서 부정적인 감정을 느끼더라도 금방 현실을 받아들이고 평정심을 찾고, 그날 할 일을 한다면 아무 문제가 없다. 하지만 그 감정을 우리가 판단하고 계속 저항하면서 문제가 생긴다. 처음 현실에 저항하면서 감정적인 고통이 생기지만, 그 감정을 '틀렸다'고 판단하고 저항하면 부정적인 감정에서 빠져나오지 못하고 계속 고통을 겪는다. 우리는 끊임없이 판단과 저항을 반복한다. 그리고 마음에 상처를 받는다.

자기 감정을 '나쁘다' 혹은 '틀렸다'고 판단하면 그 감정에 따른 영향은 더 커진다. 아침에 일어났더니 특별한 이유 없이 슬픈 기분이 들었는데, 마음속에서 '기분이 왜 이렇지? 무엇인가 잘못됐나 봐' 하는 목소리가 들린 적 있는가? 슬펐던 마음은 자기도 모르게 걷잡을 수 없어진다. '아무래도 우울증 같은데!' 그 느낌에 몰입할수록 계속 판단하게 되고, 기분은 더 나빠진다.

부정적인 기운을 띠는 감정을 적으로 간주해선 안 된다. 사실 모든 감정에는 저마다 가치가 있다. 중요한 물건이나 사람을 잃고 슬퍼하는 감정은 자연스럽고 건전하다. 그리고 우리가 했던 선택 때문에 가끔 고통을 느낄 필요도 있다. 그래야 다시는 그런 선택을 하지 않을 수 있기 때문이다. 여기서 차이점은 어떤 환경이나 사건을 통제하지 못하고 감정에 휘둘리는 게 아니라, 스스로 감정을 통제할 수 있어야 한다는 것이다.

내일 완벽한 삶이 펼쳐지길 기대하지 마라. 현재 삶에서 완벽함을 발견해야 한다. 우리는 완벽해지려고 애쓰면서(양심의 가책을 느낀다) 자신이 생각하는 이상적인 삶을 기준으로 실제 삶을 측정하려고 한다. 이런 행위는 일종의 부정에 불과하다. 감정적인 고통이 생기는 이유는 부족한 부분에 초점을 맞추고, 완벽하다고 생각하는 현실에 비추어 실제 현실을 부정하기 때문이다. 이럴 때도 '내 삶은 지금 이대로 충분히 완벽하다'는 관점을 쉽게 선택할 수 있다.

나는 암에 걸렸을 때 인생에서 가장 힘든 해를 보냈는데, 그때 이런 주문을 즐겨 외웠다. '내 삶은 항상 완벽하다. 내가 있는 곳은 내게 필요한 교훈이 있는 곳이고, 이 교훈은 내 삶에서 원하는 모든 것을 이루게 해줄 것이다.' 암 진단 자체를 뒤집을 수는 없으니 받아들이기로 했고, 평정심을 찾았다. 인생에서 가장 힘든 시기를 버티는 동안 오히려 그 어느 때보다 감사하고 행복하겠다고 의도적으로 선택했다. 나는 암 진단과 그에 따른 교훈 덕분에 내 삶이 완벽해진다고 생각하기로 했다. 당신도 힘든 상황에 부딪혔을 때 똑같이 대응할 수 있다.

내가 어떤 사고를 당했는지, 병원 침대에서 어떻게 상황을 완전히 받아들였는지 얘기하면 사람들은 보통 의심스러워하고, 적어도 내가 음주 운전자에게 화를 내지 않는다는 사실에 놀라곤 한다. "그 사람이 당신한테 그런 짓을 했는데 어떻게 안 미워할 수가 있어요?" 이렇게 묻는 사람도 있었다. 심지어 나 대신 화를 내는 사람도 있었다. 하지만 나는 그 운전자를 미워하지 않는다. 사실 그 사람에게 부정적인 감정을 전혀 느끼지 않는다. 내가 사고 이후 지금까지 그 사람에 대해 느낀 감정은 공감이었다.

당연한 얘기지만 나는 그의 삶을 살아본 적이 없다. 입장을 바꿔서 생각하면 나도 그날 밤 술을 마시고 운전을 했을지도 모른다. 우리는 누구나 자기 경험과 성격에 따라 남을 판단하기는 쉽다. 하지만 현재든 과거든 당신이 판단하거나 화를 내는 대상을 떠올려 보자. 그리고 이 점을 고려해야 한다. 당신이 그 사람의 삶을 살았다면, 그 사람의 뇌로 태어나고 그 사람 부모의 손에서 자라고 그 사람의 친구들에게 영향을 받았다면, 그와 똑같이 생각하고 행동했을 가능성이 높다. 그러므로 우리는 판단하기보다는 공감하고, 모든 사람을 사랑하겠다고 선택할 수 있다. 사람들을 있는 그대로 받아들이는 한편, 그들에게서 가장 멋진 부분을 보는 여유를 가져보자.

나는 무언가를 바꿀 수 있을지 없을지 어떻게 알 수 있느냐는 질문을 많이 받았다. 간단히 말해서 이미 일어난 일은 바꿀 수 없다. 현재의 행동을 바꿔서 미래의 상황에 변화를 일으킬 수는 있다. 당신의 과거와 현재는 고정되어 있다. 지금 이 순간 변할 수 있는 단 한 가지는 미래뿐이다.

물이 가득 찬 지하실을 당장 뽀송뽀송하게 말릴 수는 없다. 접촉 사고가 난 뒤 찌그러진 범퍼를 펼 수도 없다. 당신이나 다른 사람이 이미 한 말을 주워 담을 수도 없다. 한번 발생한 일은 발생한 것이고, 〈백 투 더 퓨쳐〉에서 타임머신 자동차 드로리안을 타고 다니던 마티 맥플라이Marty Mcfly처럼 시간을 되돌리기란 불가능하다.

과거를 무조건 수용하면 당신의 저항감이 만들어낸 억울함과 후회, 분노, 죄책감 등 모든 부정적인 감정을 흘려보낼 수 있다. 언젠가 일어날 미지의 사건을 받아들이면(즉 아직 경험하지 못한 삶을 받아들이면) 두려움과 불안, 걱정 등 전혀 불필요한 감정적인 고통을 해소할 수 있다.

마음의 평화를 이루고 감정에 휘둘리지 않으려면 이미 벌어졌거나 앞으로 일어날 일에 저항하지 않아야 한다. 과거에 얼마나 괴로웠든, 미래에 그 일이 생길까 봐 얼마나 두렵든 상관없다. 그러려면 현실을 무조건 있는 그대로 수용해야 한다. 당신이 통제할 수 없는 일을 모두 받아들이고 감정적으로 강인해지고자 할 때, 다음 세 가지 기술을 사용할 수 있다.

1. 5분의 법칙: 내게 5분의 법칙은 이 과정의 첫 단계였다. 타이머를 설정하고 5분간 자유롭게 감정을 느껴본다. 발로 차고, 비명을 지르고, 울고, 불평하는 등 마음대로 감정을 발산해도 좋다. 하지만 타이머가 울리면 아주 강력한 주문을 말하면서 상황을 수용한다.

2. '바꿀 수 없다'라는 만트라: 이미 벌어진 일은 되돌릴 수 없으며—5분 전이든 5개월 전이든, 50년 전이든—바뀌길 기대해봤자 무의미하다는 사실을 떠올려야 한다. 과거에 있었던 일을 없던 일을 되돌리지도, 현재나 미래의 고정된 현실을 바꾸지도 못한다. 어떤 상황을 바꿀 수 없는데 계속 부정하면 감정적으로 불필요하게 고통스러워질 뿐이다. 당신에게는 그 고통을 멈추거나 아예 처음부터 고통을 느끼지 않을 능력이 있다.

처음에는 감정적인 패턴을 깨기 위해 두 단계를 몇 번 반복해야 할 수도 있다.

3. 아직 펼쳐지지 않은 삶을 받아들이기: 이 단계에서는 수용이

진화한다. 5분의 법칙과 '바꿀 수 없다'라는 만트라를 한동안 연습했다면 훨씬 쉽게 할 수 있다. 이제 모든 감정적인 고통은 스스로 만들어낸 것이며 선택 가능하다는 사실을 알고 있으므로, 바꿀 수 없는 것에 절대로 저항하지 않겠다고 의식적으로 결심하여 미래의 감정적인 고통을 예방할 수 있다. 기간이 짧든 길든 감정적인 고통을 참을 필요는 없다. 돌아보면 다 불필요한 감정일 뿐이다. 뒤늦게 깨닫고 평정심이 생길 때까지 기다리지 말자. 아직 펼쳐지지 않은 삶을 받아들여서 무슨 일이 있어도 항상 평정심을 유지해야 한다.

다음 장에서는 목표를 수립하는 새로운 패러다임과 이 패러다임을 이용해서 두려움과 실패를 영원히 없앨 방법을 살펴볼 것이다. 하지만 다음 장으로 넘어가기 전에 몇 분 만이라도 감정에 휘둘리지 않는다는 개념을 깊이 생각해보길 바란다. 무엇이 당신의 감정에 고통을 일으키는가? 이미 벌어진 일과 앞으로 벌어질 일을 전부 받아들일 수 있다면 당신의 삶은 어떻게 변할까? 스트레스와 분노, 슬픔, 그 밖에도 오랫동안 부정적인 기운으로 가득했던 감정이 사라진다면 우리는 얼마나 강해질 수 있을까?

이런 생각을 당신의 삶에 적용해서 시험해보자. 당신을 자유롭게 움직이지 못하도록 억압하는 휠체어는 무엇인가? 당신이 처한 환경이나 과거 중에서 바꿀 수 없는데도 저항함으로써 불필요하게 고통받는 상황이 있는가?

이제 깊이 숨을 들이마신 뒤 모든 것을 무조건 받아들이고 평정심을 얻으며, 감정에 휘둘리지 않겠다고 의식적으로 선택해보자.

5장

가능성에 대한
새로운 패러다임

◇◇◇◇◇◇◇◇

당신의 목표는
목표가
아니다

목표를 세우는 가장 큰 이유는
달성하려고 기울이는 노력 때문이다.
그 과정은 항상 성과 자체보다 훨씬 중요하다.
_ 짐 론Jim Rohn

누구나 삶에 대한 꿈과 커다란 비전을 지니고 있다. 이런 비전을 생각하면 가슴이 설렌다. 우리는 무슨 일이 가능할지 상상하곤 한다. 비전을 달성하는 길에 들어서기 위해 조금씩 목표나 계획을 수립하며 모험할 때도 있다. 하지만 실제로 의미 있는 목표를 세우는 사람은 드물고, 이 목표를 달성하는 사람은 더 드물다. 1월이 끝나기도 전에 새해 목표가 흐지부지되는 일을 생각하면 이해하기 쉬울 것이다.

안타깝지만, 현실에서 사람들의 삶은 대부분 커다란 비전과 부합하지 않는다. 일확천금이 우리 손에 떨어지는 일은 없다. 꿈속의 연인이 현관문을 열고 들어서지도 않는다. 꿈의 직업이 저절로 구해지지도 않는다. 우리는 이렇게 손이 닿지 않는다고 생각하는 대상을 영원히 바라기만 하면서 살아간다. 그러다가 시간이 흐르고 나이가 들수록 더욱 비참한 기분이 든다.

더 나은 방법이 있지 않을까? 실패하려야 할 수 없는 패러다임 속에서 살아간다면 어떨까? 이루고자 하는 목표는 모두 이룰 수 있다는 걸 알고 있다면?

이런 패러다임을 통해 당신이 목표에 접근하는 방법을 바꿀 수 있을까? 예전보다 높은 위험을 감수하고 더 큰 목표를 겨냥하게 될까? 의욕도 높아질까?

내가 보기에 현재 우리가 서 있는 자리와 우리 목표는 다소 거리가 멀다. 목표에 접근하는 방식은 두 가지 중 하나이다. 우리는 의도했던 결과를 이루고 성공해서 뿌듯한 기분을 느끼거나, 결과가 어긋나서 실패하고 절망한다. 목표를 설정하고 이를 달성할 기초 단계를 정의한 다음(희망에 차서), 실제로 쉽지 않지만 그 단계를 끝까지 실천하더라도 성공할(혹은 실패할) 확률은 절반밖에 되지 않는다. 그렇게 의욕이 생길 것 같지는 않다.

상당히 힘이 빠지는 얘기라고 봐야 한다. 확실히 달성할 수 있게 작은 목표를 세우든지, 아니면 끔찍한 실패를 겪지 않아도 되게끔 시도조차 하지 말라는 것 같다. 성공한다는 보장은 전혀 없이 온갖 노력과 시간을 쏟아야 한다니, 시간 낭비처럼 느껴지지 않는가? 우리는 목표에 현실성이 없거나 지나치게 노력해야 하거나 너무 오래 걸릴 것 같다는 생각이 들면, 금방 편한 소파에 파묻혀 리

모컨이나 만지작거리는 쪽을 선택한다. 또다시.

나는 많은 사람이 이 패러다임에 구속받는 모습을 목격했다. '실패 아니면 성공' 패러다임의 본질을 이해하기 전에는 나 역시 목표를 제한적인 시각으로 바라봤다. 그때는 깨닫지 못했지만, 나는 실패하지 않으려고 작은 목표를 세웠다. 그러다 세상의 다른 누구 못지않게 내게도 무엇이든 성취할 자격과 능력이 있다는 사실을 깨달았다. 당신도 마찬가지다. 나는 멘토의 도움으로 내가 찾던 길을 실제로 발견했다. 그것은 실패할 가능성을 원천 봉쇄해줄, 기존과는 전혀 다른 목표 접근 방식이다.

이번 장에서는 필연적으로 성공을 불러오는 목표와 자연스럽게 친숙해질 수 있게 도와줄 것이다. 또한 목표를 세우는 목적을 재정의해서 가능성에 대한 관점을 키우는 한편 실패에 대한 두려움을 제거하고자 한다. 심신을 약하게 만드는 이 두려움은 누구나 극복해야 할 대상이다.

목표의 진짜 목적

██████ 누구나 목표와 꿈을 이루고 싶어 한다. 당신이 이 책을 읽는 이유도 그 때문이다. 그리고 우리는 본능적으로 목표 달성을 위해 가장 쉬운 길을 찾는다는 사실을 알고 있다. 낮은 곳에 달린 열매가 항상 제일 먹음직스러운 건 아니지만, 사람들은 대부분

그 열매를 목표로 삼는다. 그리고 노력을 기울이기 전에 성공할 수 있다는 일종의 보장을 받고 싶어 한다. 낙관주의자라면 '무엇이든 가능하다'는 낙관주의 신조를 따르려고 할 가능성이 높다. 하지만 사람들은 가능한 일을 추구하기보다는 있음직하다고 믿는 일에 에너지를 집중한다.

생각해보자. 달성할 수 있다는 확신 없이 목표를 추구했던 때가 마지막으로 언제였는가? 그건 시간 낭비이고, 그런 일에 에너지를 쏟거나 실패하고 창피를 당할지도 모르는 상황을 감수할 가치는 없다고 생각할 것이다. 달성할 수 있다고 믿지도 않는 목표를 추구할 사람이 과연 어디 있겠는가? 무의미한 일 같지 않은가? 목표 수립의 가장 큰 가치가 목표 달성 자체에 있다고 생각한다면 맞는 말이다. 당연히 손에 거머쥘 확률이 높은 낮은 곳에 매달린 열매를 겨냥해야 한다. 하지만 목표를 달성하는 일, 즉 가시적인 결과를 내는 일만이 궁극적인 목적은 아니며 목표 수립으로 얻을 수 있는 가장 큰 효과도 아니다. 목표 달성에 높은 가치를 두지 않는다는 뜻이다. 새로운 패러다임에서 추구하는 목표의 진정한 최종 목적에 비하면 목표 달성 자체는 그리 중요하지 않다.

자, 집중하기 바란다.

목표 수립의 진정한 목표는 계속해서 중요한 목표를 세우고 달성할 수 있는 사람이 되는 데 있다. 다르게 말하면 목표의 목적은 목표를 달성할 수 있는 사람의 자질과 특성을 발전시키는 데 있다. 그 과정에서 어떤 사람이 되느냐가 중요하다. 이는 오래가지 못하는 성과를 능가하고 평생 당신에게 도움이 된다. 궁극적으로 우리는 개별 목표를 기적 전문가의 사고방식과 행동 양식을 개발하는 데 활용해야 한다. 그러려면 목표마다 기적의 공식을 계속 적용해야 하며, 그 결과 장기적인 성공이 필연적으로 이어진다. 개별 목표는 자신을 발전시키고 실제로 무엇이 가능한지 시험하는 기회에 불과하다. 그리고 자꾸 도전할수록 더 능숙해진다.

나는 2장에서 언급한 내용을 반복하려고 한다. 내 멘토인 댄 카세타는 내게 목표의 진정한 의미를 가르쳤다. 그 내용은 댄 역시 자신의 멘토인 짐 론에게서 전수받은 것이다. 구체적으로 표현해 보겠다.

목표를 세우는 목적은 목표 달성 자체가 아니다. 진짜 목적은 구체적인 목표의 달성 여부와는 상관없이 앞으로 달성할 수 있는 사람이 되도록 발전하는 데 있다. 그러다 보면 이루기도 하고, 실패하기도 한다. 자신의 모든 힘을 마지막 순간까지 쏟아부으면서—결과와 상관없이—어떤 사람이 되는지가 중요하다. 이 과정에서 사고방식과 태도가 발전하고, 앞으로 평생 더욱 큰 목표를 달성할 수 있다.

◉ 목표는 목표가 아니다

이 책을 읽는 독자들은 아마 루이스 호이스^{Lewis Howes}라는 이름이 친숙할 것이다. 루이스는 몇 년 전 내가 진행하는 팟캐스트 〈목표를 달성하라^{Achieve Your Goals}〉에서 인터뷰를 했고 다큐멘터리 영화 〈미라클 모닝〉에도 출연했다. 루이스는 목표의 진정한 목적을 잘 보여주는 모범 사례라고 할 수 있다.

어린 시절 그에게 가장 중요한 목표는 전문 운동선수가 되는 것이었다. 실제로도 이 목표를 달성했다. 그런데 실내 풋볼 리그 한 시즌에 출전했다가 결국 크게 다치고 말았다. 결국 운동선수로서 경력이 중단된 것은 물론이고 루이스의 삶도 멈춰버렸다.

루이스에겐 다른 대안이 없었다. 그는 파산했고 절망에 빠졌다. 인생에서 무엇을 하고 싶은지도 몰랐다. 다른 목표는 한 번도 생각하지 않았기 때문이다. 하지만 무엇인가 방법을 마련해야 한다는 건 알고 있었기에 영향력 있는 인사들을 많이 찾아다니며 인터뷰를 하고 교훈을 얻었다. 한 멘토는 당시 비교적 새롭게 등장한 사이트였던 링크드인^{LinkedIn}

을 조사해보라고 했다.

루이스는 매일 링크드인을 연구했고 자기 프로필을 작성했다. 점차 다른 사람들도 루이스에게 프로필 작성을 도와달라고 요청하기 시작했다. 루이스는 열정과 호기심에 충실했고, 세상 사람들도 그가 특별한 일을 한다는 사실을 깨달았다. 그 열정과 호기심이 루이스를 팟캐스트의 세계로 인도했다.

그로부터 몇 년 후, 루이스는 이제 세상에서 가장 유명한 팟캐스트 진행자로 거듭났다. 그는 팟캐스트 순위 100위 안에 드는 〈위대한 학교The School of Greatness〉를 진행하고 있으며, 4,000만 건 이상 다운로드 횟수를 기록했다. 그는 〈뉴욕 타임스〉가 선정한 베스트셀러 작가이며 백악관과 버락 오바마 대통령으로부터 '30대 이하의 국내 기업가 100인' 중 한 명으로 인정받았다. 대중매체에서의 활약도 예사롭지 않다. 몇 가지만 예를 들어보면 〈엘런 드제너러스 쇼The Ellen DeGeneres Show〉와 〈투데이〉에 출연했고, 〈포브스〉와 〈뉴욕 타임스〉에 기고했다.

이제 루이스의 목표는 전 세계 사람들과 함께 '위대함'을 공유하고 사람들이 삶을 바꿀 수 있도록 힘을 실어주는 것이다. 자기 재능을 발견하고, 자신만의 독특한 방식으로 세상에 기여하게 돕고자 한다. 전문 운동선수가 되려고 노력하는 과정에서 생긴 마음가짐과 직업윤리는 루이스가 상상했던 것보다 훨씬 넓은 영역에서 큰 목표를 이루는 열쇠가 됐다. 루이스는 의도했던 대로 살고 있지는 않다. 어렸을 때 세웠던 목표는 그의 것이 될 수 없었다. 대신 루이스는 그때 얻은 교훈으로 기적 전문가가 되는 발판을 마련했다. 이제 루이스의 기적은 다른 사람들이 자신만의 기적을 일으키게 돕는 것이다.

이제 실패를 두려워할 필요가 없다

목표의 진정한 목적을 이해하고 받아들이고 나면 실패를 두려워할 필요가 없다는 사실을 깨닫게 된다. 실패할 수가 없기 때문이다. 항상 무엇을 하느냐보다 어떤 사람이 되느냐가 더 중요하지만, 역설적으로 무슨 일을 하느냐에 따라 어떤 사람이 될지 결정된다. 어떤 목표를 세우든 확고한 신념으로 남다른 노력을 기울이는 한, 결과와 상관없이 항상 배우고 성장하며 예전보다 능력이 향상되기 마련이다. 그리고 지금까지 상상도 못 했던 것을 포함해서 앞으로 목표를 세우고 그 성과를 거둬들일 수 있다.

그렇다고 해서 목표를 추구하는 과정에서 아무런 장애물도 등장하지 않는다는 뜻은 아니다. 목표를 달성할 가능성이 없어 보이면 그냥 포기해도 된다는 말도 아니다. 2장에서 내 프로모션 기간이 어떻게 끝났는지 기억하는가? 나는 판매 목표를 달성하기 위해 말 그대로 마지막 순간까지 노력해야 했다. 기적의 공식을 적용했던 내 동료들도 대부분 마찬가지였다. 그들의 기적은 마지막 주, 마지막 날, 심지어 마지막 시간에 실현됐다.

정확한 이유는 모르지만 이런 경향은 꾸준히 나타난다. 목표에 얼마나 전념하는지 온 우주가 시험하는 것 같은 상황을 나는 수없이 보고 겪었다. 그 과정에서 사람들은 대부분 포기하지만, 마지막 가능한 순간까지 확고한 신념과 남다른 노력을 유지하면 기적이 실제로 이뤄지는 순간을 목격할 수 있다. 그 마지막 순간이 가장 중요하며, 그 순간은 내가 성취할 수 있는 수준을 한 단계 끌어올리는 계기이기도 했다. 마지막 가능한 순간까지 모든 힘을 쏟고도 목표를 달성하지 못하는 것과 일이 계획대로 되지 않는다고 포기하는 것은 전혀 다른 문제다. 현실에서 추구하는 대로 모든 목표를 이루는 사람은 없기 때문이다. 심지어 기적 전문가도 마찬가지다.

내 아들의 방에는 마이클 조던의 명언이 인쇄된 포스터가 걸려 있다. "선수 생활을 하면서 9,000번 이상 슛에 실패했다. 경기에서 패배한 횟수는 300번에 가깝다. 승패를 좌우하는 슛을 성공시키리라 기대를 받았다가 실패한 적도 26번이다. 나는 살면서 끊임없이 실패했다. 덕분에 성공할 수 있었다."

실패는 근본적으로 배움의 일부이다. 우리는 실패를 통해 성장한다. 이런 시각으로 목표에 접근하면 의도했던 목표를 이루지 못하더라도 궁극적인 목적에는 결코 실패할 수 없다. 확고한 신념과 남다른 노력을 유지했음에도 목표를 이루지 못했다고 해도, 신념이나 자제력, 직업윤리, 회복력 등 기적 전문가의 자질과 특성은 길렀으니 앞으로 더 나은 목표를 끊임없이 달성할 수 있다.

성장만이 영원히 지속한다

나는 보통 교훈을 전달할 때는 실제 사례를 소개하지만, 새로운 패러다임의 작동 원리를 제대로 묘사하려면 다음과 같은 가상의 시나리오가 더 적절할 것 같다. 같은 직장에 다니는 존과 메리가 있다고 해보자. 두 사람은 모두 40대 초반이며 중간 규모 회사에서 보통 수준의 소득을 올리고 있다. 두 사람 모두 백만장자가 되고 싶어 한다.

어느 화창한 날 오후, 존은 편의점에 들러서 복권과 간식거리를 샀다. 정말 운 좋은 날이었다. 다섯 가지 숫자가 모두 일치해서 평범하고 미래를 불안해하던 사무직 종사자였던 존은 곧 여유로운 백만장자가 됐다. 다음 날 아침 그는 직장을 그만두고 지금보다 더 큰 집을 알아봤고 6개월짜리 호화 유럽 여행 티켓을 구입했다. 이제 존의 인생에는 행복할 일만 남은 듯했다.

메리는 몇 년 동안 아무 발전 없는 직장에 지친 나머지(복권에도 당첨되지 않았고), 그동안의 경험을 활용해 컨설팅 사업을 시작하기로 했다. 메리는 퇴직금을 상당히 투자한 것은 물론이고 새로운 사업에 온 영혼을 갈아 넣다시피 했다. 하지만 대부분의 사업이 그렇듯 1년도 되지 않아 실패했다. 메리는 한 걸음 물러나서 다시 시도해야 할지 아니면 회사로 돌아가야 할지 고민했다. 회사로 돌아가기는 싫지만 적어도 월급은 꾸준히 들어오지 않는가.

같은 해, 존은 기나긴 휴가를 끝내고 돌아와서 혼자 맨션으로 이사했다. 새 차를 몇 대 뽑았고, 온종일 TV를 보다가 밤에는 주로 레스토랑이나 술집에 갔다. 늘 지루했지만 기분이 나아지길 기대하며 무엇인가를 또 사거나, 사람들과 어울리며 신나는 밤을 보냈다.

메리는 심사숙고 끝에 좋아하지 않는 회사로 돌아가는 일을 다시 하지 않기로 했다. 그리고 확고한 신념을 유지하며 새로운 사업을 시작했다. 처음 겪은 실패에서 얻은 교훈을 활용하여 시장에서 호응을 받았고 수익을 냈다. 그러기까지 거의 10년이란 시간이 걸렸지만 결국 성공했고 통장에는 백만 달러가 쌓였다. 시간이 흐르면서 사업을 확장했고, 돈은 계속해서 불어났다. 메리는 목표를 추구하는 과정에서 나타나는 결과와 상관없이 포기하지 않았다. 그리고 결국 기적 전문가가 됐다.

불행히도 존에게는 지난 10년이 그리 좋지 않았다. 돈을 흥청 망청 쓰다가 결국 파산 선고를 받은 것이다. 물론 존은 메리보다 훨씬 빠르고 쉽게 백만 달러를 얻었다. 하지만 그 돈을 지키는 방법은 알지 못했다. 그는 당첨금을 소중하게 여기지 않았고, 행운을 키우기는커녕 최소한 지키기 위해 필요한 자질과 특성을 키우지도 않았다.

두 사람이 상상 속의 인물이긴 하지만, 살다 보면 이런 상황은 (좀 더 작은 규모로) 항상 일어난다. 사람들은 대부분 참을성이 없다. 즉시 결과가 나타나길 바란다. 하지만 '즉시'라는 시간 개념은 가치 있는 결과를 얻고 유지하는 데 필요한 자기계발을 하기에는 충분하지 않다. 성공을 유지하는 일은 고사하고, 성공하는 데 필요한 자질을 기르기엔 어림도 없는 시간이다. 그래서 복권에 당첨됐거나 하루아침에 스타가 되는 등 빨리 성공한 사람들 가운데 다수는 그만큼 빠르게 재산을 탕진한다.

패러다임을 확장하는 원리

▬▬▬▬ 전체의 관점이든 개인의 관점이든, 가능성의 범위를 확장해나가는 인간의 능력은 놀라운 수준이다. 한때 환상에 지나

지 않았던 것들이 여러 차례 현실이 되어 우리 정체성을 확장하고 앞으로 더 큰 가능성을 창조하곤 한다.

젖먹이 시절, 걷지 못했던 때를 생각해보자. 그러다 결국 걸음마를 뗐고 걷기는 일상이 됐다. 걷다가 달리기도 하고 깡충 뛰기도 하면서 결국 뜀뛰기를 터득했다. 이런 중요한 사건들은 대부분의 사람 앞에 자연스럽게 펼쳐지고, 나이가 들면서 간격이 좁혀진다. 이는 우리의 정체성이 확장되고 형태를 갖추는 과정과 비슷하다.

학교에 다닐 때도 마찬가지다. 초등학생일 때는 중학생이 된다는 게 꿈만 같다. 그러다 중학생이 되면 언젠가 당신도 저렇게 어른 같은 고등학생이 된다는 게 믿기지 않는다. 고등학생들은 얼마나 멋지고 성숙한가!

마침내 고등학교에 입학하는 날, 신입생으로 교정에 들어서면서 그 멋진 고등학생이 됐다. 하지만 신입생은 선배들만큼 멋지지 않다.

고등학교 신입생일 때, 선배들이 얼마나 나이 많고 성숙해 보였는지 돌이켜보자. 나는 요세미티 고등학교에 함께 다니던 선배들을 보던 느낌을 아직도 기억한다. 무척 멋져 보였을 뿐 아니라 모르는 것도 없는 것 같았다.

하지만 지금 돌이켜보면 그렇게 멋있고 '모든 걸 다 아는 것 같은' 성숙한 선배들도 당시에는 10대에 불과했고, 고등학교 고학년 때 내가 그랬던 것처럼 극도로 미숙하고 불안정하며 혼란에 빠진 아이들일 뿐이었다. 우리는 모두 동경하는 수준을 달성할 가능성을 지니고 있다. 지금은 환상으로만 느껴지는 미래도, 아직 당신이 창조하지 않은 미래의 현실일 뿐이다.

가능성의 패러다임을 끊임없이 확장하는 모습을 가장 잘 보여주는 사례는 우리가 벌 수 있는 돈의 크기다. 어렸을 때는 돼지 저금통에 넣을 동전만 있어도 신났고, 10달러를 버는 건 대부분의 아이가 불가능하다고 생각했다. 그러다 심부름을 하거나 이웃집 잔디를 깎아주고 돈을 받기 시작하면 돈은 동전이 아닌 지폐가 된다. 10달러는 가능성의 영역에 들어오고 다음 목표가 생긴다. 100달러를 버는 꿈이다. 결국 100달러는 1,000달러로, 그리고 1만 달러로, 그 이상으로 계속 확대된다.

나는 열아홉 살에 꿈의 직업이던 라디오 DJ를 포기했던 일을 아직도 생생하게 기억한다. 음악을 틀고 콘서트 표를 나눠주면서 한 시간에 겨우 10달러를 벌었던 직업을 포기하고, '100% 수당'으로만 돈을 받는 식기구 판매 사원으로 컷코에 취직했다. 첫 주에는 수당으로 3,000달러를 넘게 받았다. 라디오 방송국에서 300시간 넘게 일해야 벌 수 있는 돈이었다. 상상이 가겠지만, 예전에는 넉 달은 일해야 벌었을 돈을 일주일 만에 벌게 되자 내 경제력의 미래에는 새로운 가능성의 패러다임이 열렸다.

나는 가장 최근에 나온 책《미라클 모닝 밀리어네어: 부자들만 아는 6가지 기적의 아침 습관》을 쓰면서 자수성가한 백만장자 수십 명과 인터뷰를 했다. 흔치 않은 기회였다. 공통된 주제는 그들의 경제적 가능성이 시간이 흐르면서 점진적으로 꾸준히, 그리고 계속해서 확대될 수 있었던 이유를 알아내는 것이었다.

1년에 10만 달러씩 벌어들이는 백만장자는 대부분 어렸을 때 그런 자신의 모습을 꿈꿨다. 예전에는 막연했던 백만 달러 단위의 소득을 마침내 달성했을 때, 이 수준은 표준이 됐고 그들은 더 높은 목표를 세웠다. 대부분 점진적인 발전—내부적인 신념 측면에서도, 외부적인 소득 측면에서도 마찬가지다—이 이뤄졌다. 10만 달러는 20만 달러가 되고, 20만 달러는 30만 달러가 되는 식이다. 새로운 소득 수준을 달성하면 그다음 수준이 시야에 들어오면서 새로운 가능성의 패러다임을 제시한다. 한 가지 흥미로운 사실은 일하는 강도가 소득 수준과 비례하지 않았다는 점이다. 심지어 줄어드는 경우도 많았다. 점차 노하우가 쌓이고 경험이 풍부해지고 효율성이 높아지면서 돈도 더 많이 벌게 된 것이다. 부는 그들이 달성한 자기 모습의 결과였다.

패러다임 업그레이드하기

인간이 하루에 몇 가지 생각을 할까. 이에 대해서는 의견이 분분하다. 인터넷에 오가는 의견을 몇 개 봤는데, 가장 일반적인 숫자는 5만 가지에서 6만 가지 사이였다. 이 숫자가 얼마나 정확한지는 제쳐두더라도, 우리가 매일 수많은 생각을 한다는 데는 누구나 동의할 수 있을 듯하다.

몇 가지 생각을 하는지 정확한 숫자는 중요하지 않다. 더 중요한 점은 사람들이 대부분 매일 같은 생각을 한다는 사실이다. 생각이 정체성을 형성한다는 점을 고려하면 그 중요성은 더 커진다. 다르게 말하면 나에 대한 반복적인 생각이 결국 현실이 된다. 당신은 스스로 생각하는 만큼 유능하거나 무능하다. 삶의 가능성 역시 스스로 인식하는 만큼 제한적이거나 무제한적이다. 이 모든 것이 당신의 인식에 달려 있다.

아침에 잠에서 깨면 우리의 정신은 주로 습관적인 순서에 따라 바쁘게 돌아간다. 아침에는 문밖을 나서야 한다고 생각한다. 낮 동안 오늘 무슨 일을 해야 하는지 생각한다. 그다음에는 집에 가서 잠자리에 들기 전에 할 일을 떠올린다. 우리 삶이 늘 제자리를 벗어나지 못하는 이유는 더 멋진 미래를 꿈꾸고 이를 달성하려면 어떤 사람이 돼야 할지 생각하는 시간이 거의 없기 때문이다. 우리는 늘 똑같이 행동한다.

계속 같은 생각만 반복하면 비슷한 가능성에 얽매이거나 가능성 자체가 낮아진다. 과거와 현재의 현실은 지금까지 우리의 정신을 잠식하게 내버려둔 생각이 빚어낸 결과다. 그러니 삶을 개선하려면 습관적인 생각부터 개선해야 한다. 가장 효과적인 방법은 당신이 중요하게 생각하는 것, 할 수 있는 것, 이상적인 자신의 모습,

가능성을 필연성으로 만들기 위해 해야 할 일에 집중할 수 있도록 당신의 생각을 전략적으로 설계해서 서면으로 남기는 것이다(그래야 기억에만 의존하지 않아도 된다). 구체적인 방법에 대해서는 9장에서 상세하게 다룰 예정이다.

모든 기적 전문가는 자신을 과거 그 어느 때보다 나은 사람으로 인식하는 일부터 시작했다. 그러면 과거에 했거나 하지 않았던 일이 더는 중요하지 않다는 사실을 깨달을 수 있다. 중요한 건 당신의 생각이며, 생각을 통제하고 책임질 때 의미 있는 결과를 만들고 삶을 개선할 능력은 항상 따라온다. 여기에 지속적인 프로세스를 결합하면 위대한 성공을 이룰 확률이 더욱 높아진다.

모든 것이 바뀐 해

████████ 나는 컷코를 그만두기 전에 한 가지 목표—비약적인 발전—를 세웠다. 지금까지 내가 달성한 최고 실적보다 두 배 이상 판매한다는 목표였다. 판매 실적을 25%나 50% 올리기도 쉽지 않은 일인데, 연간 실적을 100% 추가로 올린다는 건 불가능에 가깝고 두려운 일이었다. 나는 10대 후반부터 20대 초반까지 7년 동안, 1년에 10만 달러 매출을 목표로 삼고 일했다. 실제로 그 목표를 두 번 달성했고 매년 회사의 판매 실적 순위에서 10위권을 기록했으며(5위, 6위), 포상으로 멕시코의 칸쿤과 캐나다의 밴프로

워크숍을 떠나기도 했다.

2004년, 스물다섯 살이던 나는 작가이자 강연자가 되겠다는 꿈에 도전할 준비를 마쳤다. 하지만 실행에 옮기기 직전에 고통스러운 깨달음을 얻었다. 컷코 영업사원으로서 내 가능성을 완전히 실현한 적이 없다는 깨달음이었다. 10만 달러라는 실적을 올리기 위해 노력을 일부 기울였을 뿐, 내 모든 노력을 쏟아부은 적은 없었다. 적어도 1년 내내는 아니었다. 나는 가장 실적이 좋았던 해를 기준으로 두 배의 실적을 올리고 싶었고, 1년에 20만 달러라는 목표를 정했다. 극소수의 영업사원들만이 올렸던 실적이었다. 나는 살면서 원하는 꿈을 이루게 해줄 자질과 성격을 개발하는 것을 목표로 삼았다. 이 목표는 내 사명이 됐다.

그해에 다른 목표가 전혀 없었던 것은 아니다. 사실 그 어느 때보다 의미 있는(질적, 양적으로) 목표에 전념했다. 연간 최고 실적의 두 배라는 판매 목표와 더불어 첫 책 출판 준비, 고등학교와 대학교 강연 12회, 일주일에 운동 5회·암벽 등반 3회, 결혼할 여성 만나기, 자선단체에 1만 달러 기부하기 등을 목표로 삼았다. 모두 내 중요한 목표이긴 하지만 그게 다는 아니었다. 나는 삶의 모든 영역에 목표를 세웠다.

나는 그중에 어느 목표가 가장 중요한지 결정하고 그해의 사명으로 삼았고, 이는 그 목표뿐만 아니라 다른 목표를 달성하는 데도 커다란 영향을 주었다(다음 장에서 첫 번째 사명을 정하는 방법을 다룰 것이다). 어느 목표가 최우선 순위인지—매출 20만 달러—확실히 정하자, 자동으로 시간 배분에도 우선순위가 생겼다. 간단히 말하면 사명을 필연적으로 달성하게 해줄 정해진 프로세스를 끝내기 전까지는 다른 목표에 시간을 쏟지 않았다.

　나는 연간 판매 실적을 두 배로 올리기 위해 매일 전화 횟수를 두 배로 늘렸고(이것이 내 '프로세스'다), 전화 결과나 제품 설명의 결과에 대해선 감정적인 집착을 완전히 배제했다. 그저 내가 원하는 결과를 필연적으로 달성하게 해줄 프로세스를 지킬 뿐이었다. 그리고 그해에 20만 달러를 달성하겠다는 목표를 세운 동료들을 모아서 팀을 꾸리기도 했다. 매주 우리는 함께 전화를 돌리고 성공담이나 실패담, 가치 있는 교훈 등을 공유했다. 팀 활동 자체가 내목표는 아니었지만 결과적으로 사명을 달성하는 데 도움이 됐다. 내가 새로운 영역으로 모험을 감행할 때, 팀원들은 나를 지지하고 새로운 아이디어를 줬으며 슬럼프를 겪고 자신을 의심할 때마다 많은 힘이 돼주었다.

　목표를 세우고 12개월이 채 지나지 않았을 무렵, 나는 이메일로 수수료 명세표를 받았다. 그해 판매 실적은 20만 5,000달러 이상이었다. 나는 내 눈을 의심하며 그 숫자를 응시했다. 침대 발치에 서 있다가 느린 동작으로 뒤로 넘어갔던 기억이 난다. 구름 속으로 뛰어드는 느낌이었다(감동적인 음악 삽입). 가능성이 아주 낮다고 생각했던 일을 달성했다는 사실이 뇌에서 처리되면서 맥박

이 빨라지기 시작했다. 새로운 현실이 과거를 대처하는 데 걸린 시간은 겨우 몇 분 정도였다. 바로 그때 나는 누구나 공포를 극복하고 원하는 모든 것을 이룰 능력이 있다는 사실을 깨달았다.

목표를 달성한 건 나뿐만이 아니었다. 우리 팀에서 5명이 20만 달러 목표를 달성했으며, 컷코 역사상 최고 기록이었다. 하지만 이게 다가 아니다. 한 가지 목표에 극도로 집중하고 확고한 신념과 남다른 노력을 기울이면 흥미로운 일이 생긴다. 당신이 제쳐뒀다고 생각하는 다른 목표들도 달성하게 된다. 그 목표들은 당신의 새로운 정체성과 함께 움직이기 때문이다.

그 한 해 동안, 나는 첫 책인《미라클 라이프: 삶이 기적이 되는 8가지 조건》을 쓰고 출판했다. 그리고 돈을 받는 강연을 시작했다. 체질량 지수는 5.7%까지 내려갔다(그게 몸에 좋은지는 모르겠다). 꿈에 그리던 여성을 만났다(지금 아이 둘을 낳았다). 일주일에 다섯 번 운동했고 세 번 암벽 등반을 했으며, 요가 수련도 시작했다. 그리고 그때까지 기부했던 액수보다 훨씬 많은 돈을 기부했다. 그해에 내 모든 삶은 진정으로 바뀌었다. 내가 할 수 있는 것과 전념해야 할 것에 대한 패러다임이 둘 다 변했기 때문이다. 간단히 말하면 나는 최고가 아닌 수준에 만족하다가, 드디어 가능성을 확장하고 더 나은 사람이 됐다. 한 단계 발전하고, 항상 가능하다고 믿었던 사람으로 실제로 거듭났기 때문에 내 평생 가장 멋진 한 해 였다. 이런 경험을 독자도 꼭 해보길 바란다.

다음 장을 앞두고, 독자도 목표에 대한 이 새로운 패러다임을 자기 상황에 적용했으면 한다. 성공할 가능성이 없다고 생각하고 빨리 포기하거나 심지어 시작도 하지 않았던 경험이 있는가? 그 의심(혹은 논리)에도 불구하고 밀어붙여서 놀라운 결과를 이룬 적은 없는가? 누구나 그런 경험이 있을 것이다. 나 역시 살면서 정말 힘들게 일해서 목표를 달성한 적이 많았다. 그리 열심히 하지 않았는데 성공한 적도 있었다. 열심히 노력했지만 실패하기도 했다. 중요한 건 노력이 가시적인 결과라는 측면에서 늘 성공으로 이어지지는 않는다는 점이다. 하지만 그 노력은 항상 자기계발로 이어진다.

이제 목표의 진정한 목적을 알았고 가능성의 패러다임을 확장했으니, 다음 장에서는 당신에게 가장 중요한 것을 결정하는 법을 더욱 깊숙이 살펴볼 예정이다. 여러 가지 목표 중에서 무엇이 당신의 사명이 될지 알아볼 것이다. 사명은 기적 전문가의 특성과 능력을 기르는 데 가장 큰 영향을 줄 단 하나의 중요한 목표이다.

6장:

**나만의
사명 찾기**

◇◇◇◇◇◇◇

최우선 순위를
명확하게
정의해야 한다

일에는 뚜렷이 구분되는 두 가지 영역이 있다.
하나는 가장 중요한 일, 다른 하나는 그 밖의 모든 일이다.
중요한 일은 극단적으로 몰아붙이고,
나머지는 어떻게 되든지 괜찮다고 생각해야 한다.
일로 성공하려면 그런 자세가 필요하다.
_ 게리 켈러Gary Keller

가능성의 새로운 패러다임을 생각하면서 기분이 어땠는가? 이제 목표의 진정한 목적을 완전히 새롭게 이해했으니 당신에게 가장 중요하고 큰 목표를 얼마든지 세워도 좋다. 실패하기가 불가능하므로 아무것도 두려워하지 않아도 된다. 그저 배우고, 성장하고, 예전보다 나아지기만 할 것이다. 자신의 안전지대에서 멀리 벗어날수록 더 많이 배우고 더 빨리 성장하고, 기적 전문가의 특성을 금방 내재화할 수 있다. 이제 무한한 필연성의 세계가 당신 앞에 펼쳐진다.

이런 방식으로 살았을 때 당신의 삶이 어떤 모습일지(그리고 어떤 느낌일지) 상상한 적 있는가? 소득이 증가하고 경제적으로도 흔들리지 않을 정도로 탄탄해지며, 운동량을 늘려서 인생 최고의 몸 상태를 만든다. 마침내 한때 잊어버렸던, 일생일대의 목표와 꿈을 하나하나 점검하기 시작한다. 그렇게 되면 삶이 얼마나 멋질까? 특히 일생일대의 목표와 꿈이 한꺼번에 결실을 본다면 말이다.

하지만 잠깐, 한꺼번에 이뤄진다고? 일생일대의 목표들을 동시에 공략할 작정인가? 이에 대해 잠시 이야기해보자.

단일성의 놀라운 힘

지난 20년간 각계각층의 사람들과 함께 일하면서 내가 가장 많이 목격한 장애물은 여러 가지 목표 가운데 무엇이 가장 중요한지 명확하게 정하지 않고 한꺼번에 지나치게 많은 목표를 추구할 때 발생했다. 우리는 건강과 가족, 돈, 일, 관계 등 수없이 많은 분야에 다양한 목표를 지니고 있다. 이런 목표들의 우선순위를 정하지 않으면 어떤 일이 벌어질까? 그다지 중요하지 않은 진전을 조금씩 이루느라 계속 바쁘지만, 거의 항상 목표를 놓치고 중압감에 시달리기 마련이다.

이런 목표 수립 방식은 멀티태스킹과 비교할 수 있다. 일하다 보면 한꺼번에 지나치게 많은 일에 얽매이기에 십상이다. 우리는 하루하루 뇌를 쪼개어 거의 동시에 다른 일을 하도록 길들어 있다. 일하면서 재빨리 페이스북 알림을 확인한다. 운전하면서 휴대전화로 통화한다. 아이들과 놀아주면서 문자 메시지를 확인하기도 한다. 이만하면 멀티태스킹을 정복한 것 같다. 하지만 정말 예전보다 효율적일까?

전혀 그렇지 않다. 2009년 스탠퍼드대학에서 실시된 연구에 따르면, 여러 가지 대중 매체를 동시에 사용하면서 멀티태스킹 하는 사람은 실제로 효율성이 떨어진다. 그들은 별로 중요하지 않은 정보를 걸러내거나 서로 다른 두 작업 사이를 오가며 전환하는 것을 어려워한다. 일하면서 한곳에 집중하는 사람들처럼 기억력이 예리하지 않다.* 멀티태스킹은 일의 진행을 늦춘다. 여러 가지 목표에 똑같은 중요도를 설정하고 동시에 추진하는 방식도 마찬가지다.

다섯 가지 목표에 집중력을 동시에 분산한다고 생각해보자. 몇 달 동안 목표 두어 가지는 5~7%쯤 진행할 수 있을 것이다. 나머지 목표들은 느릿느릿 2~3% 정도 진행했고, 아예 손도 못 댄 목표도 있다. 몇 달이 더 지나면 5~7% 진행한 목표도 있고 2~3%에 머무르는 목표도 있고, 나머지 목표 중에서 최소한 한두 가지는 아예 제쳐두었다. 6개월이 지났을 때는 목표마다 조금씩 겉핥기만 했을 뿐이다. 이 무렵에는 처음 목표를 수립할 때의 추진력과 의욕이 사라지고, 다른 신선하고 자극적인 목표 다섯 가지로 넘어가고

---

*   Eyal Ophir, Clifford Nass, and Anthony D. Wagner, "Cognitive Control in Media Multitaskers," *Proceedings of the National Academy of Sciences of the United States of America* 106, no.37(2009): 15583-87

싶어진다. 같은 방식으로 그 목표에 임한다면 마찬가지로 5~7% 정도 진행할 수 있을 것이다. 여러 가지에 집중력을 분산하는 방식으로 목표에 접근하면 실패는 계속되고 가능성은 실현하지 못하는 악순환이 영원히 계속된다. 중요한 목표를 달성하고 가시적이고 측정 가능한 기적을 일으키려면, 우선순위를 정하고 집중하고 오랫동안 집중력을 유지해야 하는데 그런 능력을 개발할 수도 없다.

많은 목표에 똑같은 우선순위를 두면, 가장 중요한 목표를 이룰 가능성은 작아진다. 최우선 순위(단 하나)를 명확하게 해두지 않으면 인간의 본성에 따라 가장 저항이 적은 길을 따라가게 된다. 또한 그다지 중요하지 않은 활동을 하면서 계속 바쁘기만 하다. 전화하면 효과적일 텐데 이메일을 보낸다. 자기계발서를 읽을 시간에 넷플릭스를 시청하기도 한다. 우리는 무의미한 활동에 무한한 가능성을 빼앗겨버린다.

이제 이런 악순환을 멈춰야 한다. 가장 중요한 일에 집중하는 법을 배워서 그런 일을 경험하기 시작해야 한다. 이번 장을 포함하여 이 책의 나머지 부분에서는 가장 중요하고 삶의 질에 핵심 영향을 미치는 한 가지 목표에만 집중할 것이다. 어쩌면 불안하게 들릴지도 모르겠다. "하지만 할, 저한텐 중요한 게 한두 가지가 아니에요. 이루고 싶은 게 많거든요. 어떻게 한 가지만 고르라는 거예요?" 그 마음은 알지만, 나는 당신이 꼭 기적 전문가가 됐으면 좋겠다. 그러려면 한 가지에 초점을 맞추고 그 초점을 유지하는 게 가장 효과적이라는 사실을 깨닫게 될 것이다.

프라이스라인닷컴Priceline.com의 설립자이자 억만장자인 제프 호프만Jeff Hoffman은 내 사업 파트너인 존 버그호프와 내가 공동으로 사회를 맡은 '비약적인 발전 전문가Quantum Leap Mastermind' 워크숍에서 최근에 강연을 했다. 그때 여러 가지 교훈을 받아 적었는데, 특히 두드러지는 내용이 있었다. "한 가지가 넘는 종목(스포츠)에서 금메달을 딸 수는 없다." 잠시 그 말의 의미를 음미해보자. 올림픽 선수는 대부분 한 종목에서 세계 최고가 되기 위해 평생을 바쳐 집중하고 노력한다. 그리고 지난 장에서 배운 점을 떠올리자. 한 가지 사명을 고르고 전념하면, 최우선 순위에 부합하는 방식으로 살아가기 때문에 다른 목표를 이룰 가능성도 커진다.

이번 장에서는 당신이 최우선 순위에 맞춰 살고 있는지 고백해야 한다(그렇지 못할 확률이 높다. 당신만 그런 건 절대 아니니까 걱정할 필요 없다). 그다음 한 가지 사명을 결정하여 각오를 굳히고(이 책을 읽으면서 아직 내용이 생생하게 남아 있을 때 그 작업을 하기 바란다), 마지막으로 사명을 확실히 달성할 수 있도록 일종의 안전망을 제시할 예정이다. 이 모든 과정은 10장에서 소개할 당신의 첫 30일간 기적의 공식 도전 계획을 준비하기 위한 작업이다.

자, 숨을 깊이 들이마시자. 이제 시작이다.

가장 중요한 것부터 시작하라

본인이나 가까운 사람이 생사의 갈림길에 서면 자신의 최우선 순위를 누구보다 빠르게 찾아낼 수 있다. 내가 서른일곱 살에 암 진단을 받았을 무렵, 내가 생각했던 우선순위들은(그렇다, 당시에 내 우선순위는 한둘이 아니었다) 1번 가족, 2번 건강, 3번 친구, 4번 경제적 안정성, 5번 생산성과 성취, 6번 재미 순이었다. 하지만 몇 달 안에 죽을 확률이 70~80%였으니 당신도 방금 눈치챘을 것이다. 난 과대망상에 빠졌다.

내 세상에서 가장 중요한 것이 무엇이냐고 질문한다면 나는 망설임 없이 '가족'이라고 대답할 것이다. 진심이다. 내 아내와 두 아이보다 더 사랑한 사람이나 대상은 없다. 가족이 곧 내 세상이다. 나는 다른 우선순위는 가족 뒤에 있고, 내가 한 모든 일은 가족을 위해서였다고 진심으로 믿었다.

그렇다면 무엇이 문제였을까? 어디서부터 잘못된 걸까? 사실 내 일정을 대충 훑어보기만 해도 문제를 알아차리기는 어렵지 않았다. 내가 시간을 보내는 방식은 내가 생각하는 우선순위와 완전히 달랐기 때문이다. 나는 자주 출장을 다녔고 일주일에 60시간 이상 일했으며, 또 다른 대규모 프로젝트 때문에 가족과 주말을 함께 보내지도 못했다. 가족이 정말 내 최우선 순위였다고 해도, 소위 덜 중요하다는 다른 우선순위에 밀려나기 일쑤였다. 말로는 가족이 중요하다고 했지만 내 행동은 말(혹은 믿음)과 일치하지 않았다.

나는 심사숙고한 끝에 생산성과 성취를 다른 모든 목표보다 우선시했다는 사실을 깨달았다. 한 프로젝트를 끝내고 다음 프로젝트를 구하는 일에 거의 모든 시간과 에너지를 쏟았다. 아이들이 잠자기 전에 동화를 읽어주는 일에 집중하는 대신 사업 지표에 정신이 팔렸다. 아내의 하루가 어땠는지 귀를 기울이지 않고, 이메일을 훑어보면서 중요하다고 생각하는 메일에 답장해가며 아내의 이야기에 의무적으로 고개를 끄덕였을 뿐이었다. 나는 어느 한 가지에도 제대로 집중하지 않았다. 특히 가족들에게 더 그랬다.

하지만 이유는 그럴듯했다. 적어도 나는 그럴듯하다고 믿었다. 가족들이 경제적 안정을 누리는 게 중요하다고 생각했기 때문이다. 그 누구보다 소중한 사람들이 잘 먹고 잘 입고, 편안하게 지내길 바랐다. 가만히 앉아서 그런 생각들을 검토해보니 경제력에 집중하는 건 가족을 사랑해서가 아니었다. 그건 두려움에서 비롯했다. 내 우선순위가 은근히 변한 이유는 사실 가족과는 상관없었다.

나는 예전부터 스스로 경제적 상황을 완벽하게 통제하고 있다고 생각했지만, 2008년 금융 위기 이후 몇 년 만에 고객을 절반 이상 잃어버렸다. 금융 위기의 여파로 고통받으면서 더 이상 나와 함께할 형편이 안 되는 사람들이었다. 나 역시 수입이 크게 줄어들어서 대출을 상환할 수 없었고, 집은 압류됐으며 신용은 하락했다. 나는 바닥을 쳤고 두려움에 시달렸다. 사업을 되살리려고 무슨 짓을 해도 소용이 없었고, 그냥 계속 빚더미에 눌릴 뿐이었다. 막막한 상황에서 어떻게 빠져나와야 할지 전혀 감을 잡을 수 없었다. 결국에는 상황을 극복하고 앞으로 나아갔지만, 그 후 몇 년이 지난 뒤에도 여전히 모든 것을 잃어버릴지도 모른다는 공포심에 사로잡혀 있었다.

그러다 보니 고객이 보낸 이메일이 무척 중요해졌다. 강연은 모두 생명줄이나 마찬가지였다. 가족들을 먹여 살리고 싶었던 마음은 사실이다. 하지만 그보다 다시 금융 위기를 겪을까 봐 두려웠다. 그때 시달렸던 우울증과 삶에 전혀 손쓸 수 없다는 느낌을 다시는 겪고 싶지 않았다.

그 두려움과 싸우다 보니 알게 모르게 생산성이 최우선 순위가 됐다. 그해 강연을 끝내고 많은 사람과 대화하면서 수많은 사람이 비슷한 상황을 겪고 있다는 사실을 깨달았다. 그 대상을 생산성이라고 부르든 성공, 성취 또는 일이라고 부르든, 모두 일맥상통하는 바가 있었고 많은 이가 그 목표에 말 그대로 중독돼 있었다. 하릴없이 바쁘기만 하고 그리 중요하지 않은 일에 집중하고, 그 일 때문에 우리에게 가장 중요한 일을 외면한다.

이런 식으로 쉬지 않고 일하면 몸과 뇌가 모두 상한다. 바로 그때 건강이 망가진다. 더 멀리 보면 가족과 재미, 정신 심지어 일까지(그것도 동시에) 좀먹는다. 모든 에너지를 소진하기 때문이다. 정말 한 가지 최우선 순위만 정한다면, 다른 모든 것들은 자동으로 떨어져 나가기 마련이다.

하지만 우린 생산성과 관련한 일뿐만 아니라 여러 가지 사소한 활동에서도 이런 행동 방식을 보인다. 넷플릭스나 유튜브를 보고, 인터넷 서핑을 하거나 페이스북을 확인하고, 심지어 휴대전화로 게임을 얼마나 많이 하는지 생각해보자. 이 모든 행위 때문에 최우선 순위에 집중할 시간은 줄어든다. 매일 최우선 순위를 실행할 시간이 부족하다고 생각한 적이 있다면, 시간이 없다기보다는 우선순위가 낮은 일에 시간을 쏟고 있을 확률이 높다. 그 일을 하는 데 시간이 오래 걸리기 때문에 우선순위가 높다고 착각하는 것이다. 잊지 말자, 당신의 일정은 절대 거짓말하지 않는다.

나는 암 진단을 받고 나서야 스스로 최우선 순위를 지키지 않았을 뿐만 아니라 매일 두려움에 떠밀려 살아왔다는 사실을 깨달았다. 물론 지금까지 겪은 일을 생각하면 나름대로 타당한 이유가 있었다. 늘 두려워하면서 살고 싶은 사람은 없을 것이다. 적어도 난 그랬다. 그래서 획기적인 변화를 일으키고, 내 최우선 순위인 가족을 실제로 가장 중요하게 여기기로 했다. 이 모든 건 5일간 항암 치료를 받고 나서 집에 왔을 때부터 시작했다.

나는 다섯 살이던 아들 앞에 앉아서 말했다. "오늘은 하고 싶은 거 다 해보자! 호수에 가도 되고, 고카트를 타러 가도 돼. 볼링 치러 갈까? 네가 하고 싶은 건 무엇이든 괜찮아."

아들이 대답했다. "정말요? 그럼…… 제 방에서 장난감 갖고 놀아요!"

난 아들이 내 말을 잘 이해하지 못했다고 생각했다. "아냐, 하고 싶은 거 전부 다 해도 된다니까. 아무거나 다 할 수 있다면 뭘 하고 싶니?"

아들이 다시 대답했다. "그냥 방에서 아빠랑 놀고 싶어요."

그 순간 크게 깨달았다. 아들의 최우선 순위는 그저 나와 노는 것이었다. 가족이 세상에서 가장 중요하다면 아들에게 가장 중요한 일은 내게도 그만큼 중요한 일이어야 했다.

아주 단순하면서도 심오한 깨달음이었다. 아이들은 내가 얼마나 대출을 많이 상환했는지 모른다. 책을 얼마나 많이 팔았는지도 관심 밖이다. 그리고 인생의 마지막 순간(그리 길지 않았으면 좋겠다)에는 나도 그럴 것이다. 일을 전부 끝내고 나서야 아이들과 함께 '오붓한' 시간을 그저 그렇게 보내면, 내 삶에서 가장 귀중한 사람들에게 '쓰고 남은 아빠'를 보여주는 셈이다. 아이들은 가장 피곤하고 고단하고, 정신적으로 진이 빠져버린 아빠와 함께한다. 그 시간에는 아이들도 피곤하다. 이런 상황을 뒤집고 가족들을 실제로도, 상징적으로도 내 일정상 가장 우선적인 존재로 만들어야 했다.

그날 아침 아들 방에 들어가서 놀아주기 전에 휴대전화로 30분 타이머를 반복 설정했다. 매일 아들이 등교하기 전에 제일 먼저 아들과 놀아주는 시간이었다. 내겐 아주 짧은 30분일 뿐이지만 아들에겐 아주 중요한 시간이다. 그 결과 우리는 매일 더욱더 깊은 유대감을 느낄 수 있었다.

최우선 순위와 일정이 일치해야 한다

▬▬▬▬ 그날 아들과 함께 시간을 보낸 뒤 암을 완치한 이후로, 나는 무엇보다 가족에 집중했고 최대한 멋진 아버지이자 남편이 되려고 온 신경을 기울였다. 가족에 초점을 맞춘 뒤 하루 일정도 철저히 바꿨고, 최우선 순위와 내게 가장 중요한 존재가 일치하게 했다. 현재 우리 집의 하루와 일주일은 보통 이렇게 흘러간다.

난 여전히 매일 새벽 4시 30분에 일어나서 《미라클 모닝》아침 습관과 라이프 세이버Life S.A.V.E.R.S를 실천한다. R(Reading: 독서하기) 시간에는 규칙을 세웠다. 육아나 결혼 생활 관련 책을 10쪽이상 읽기 전에는 경영 서적을 읽지 않는다. 이 규칙 하나만으로도매일 가족이 최우선 순위라는 걸 떠올릴 수 있다.

오전 6시에는 아이들이 자는 방을 각각 찾아가서 깨운다(예전에 내가 혼자 틀어박혀서 아침 일과를 치르고 있을 때 항상 아내가 했던 일이다). 아이들이 일어나서 긍정적인 마음가짐으로 하루를 시작할 수 있게 돕는다. 제일 먼저 아이의 침대에 들어가서 껴안거나간지럼을 태운다. 아이들이 잠에서 깨는 동안 확언도 빼먹지 않는다. "사랑하는 아들/딸, 좋은 아침이야. 넌 착하고 다정하고 똑똑한아이란다. 이제 일어나면 좋은 에너지가 가득해질 거야. 이제 이불을 걷고 일어나서 멋진 하루를 시작해야지." 무엇이든 떠오르는 대로 말한다. 확언을 노래로 부르거나 우스운 목소리를 내는 등 다양한 방법을 시도하며 기분 좋게 잠에서 깨도록 한다.

아이들이 옷을 입고 양치질을 하고 나면《미라클 모닝》어린이 버전을 실시한다. 그다음에는 아들과 놀아준다(아들이 제일 좋아하는 시간이다). 캐릭터 인형을 갖고 놀거나 보드게임을 하기도 한다.《미라클 모닝》어린이 버전과 놀이 시간 후에는 아내의 비서가 되어 점심 도시락 싸기와 등교 준비(다시 말하지만 예전에는 집무실에 처박혀서 숨어 있었기 때문에 전혀 안 했던 일이다)를 도왔다. 아내와 아이들의 아침 준비를 돕는 일은 이제 귀중한 가족 시간이 됐다. 의무는 아니지만 유대감을 더욱 강화할 수 있고 아이들에게 긍정적인 영향을 줄 기회이기도 하다.

준비가 끝나면 나는 아들과 딸을 학교에 데려다준다(역시 예전에는 아내가 시켜서 마지못해서 했던 일이었다). 매일 아침 아이들과 소중한 시간을 함께 보내는 것―그날 하루의 목표를 수립해주고 의미 있는 대화를 하고, 신나는 음악을 들으며 춤추기(우리는 차에서 댄스파티를 한다)―은 대단히 귀한 경험이었다. 또한 일주일에 사흘은 5시가 아니라 2시에 퇴근하여 아이들을 학교에서 데려왔다. 처음에는 근무일에 세 시간을 빼는 게 어려웠지만, 결국 잘한 일이라고 생각한다.

오후 5시쯤에는 가족이 다 함께 저녁을 먹고 나서 감사의 알

파벳 게임을 한다. 감사할 만한 일을 A로 시작해서 돌아가며 말하는 게임이다. 나는 매일 아이들이 잠자리에 들 때도 함께한다. 자기 전에 동화책을 읽어주거나 내 어린 시절 이야기를 들려준다(꽤 좋은 방법이다. 아이들이 부모를 더 잘 알 수 있고, 동시에 당신이 살면서 얻은 가치 있는 교훈을 전할 수 있기 때문이다). 이렇게 해서 하루의 시작과 끝을 내 최우선 순위에 할애한 셈이다. 매일 아침 첫 번째로, 그리고 아이들이 잠들기 전 마지막으로 함께 시간을 보냈기 때문이다.

토요일은 특별히 아빠와 함께하는 즐거운 하루다. 이렇게 소중한 시간을 같이 보내면서 아이들은 즐거워하고 동시에 아내는 자기만의 시간을 가질 수 있다. 그리고 매주 아내와 나는 '데이트하는 날'을 정해서 철저히 지킨다. 그날은 베이비시터를 구해서 아이들을 맡기고 둘이서 즐겁게 지낸다.

이 모든 변화는 하루아침이 아니라 서서히 일어났다. 분명히 말하지만 쉬운 일은 아니었다. 경제가 어려워지고 또다시 금융 위기에 처할지도 모른다는 두려움은 아직도 내 마음속에 뿌리 깊이 남아 있다. 그러면 일과 생산성에 대한 중독은 더 강해지기만 할 것이다. 다행히도 최우선 순위와 일치하는 삶은 오랜 기간 전념할수록(어떤 변화가 있더라도 한결같이) 더 쉽고 자연스러워진다. 사업에 아주 큰 영향을 줄지도 모를 행사에 초대받았을 때도 나는 망설이지 않고 대답했다. "감사하지만 안 됩니다. 그날 아이들과 같이 있기로 했어요."

난 전혀 완벽하지 않으며, 가끔 손을 떼고 아내에게 바통을 건네주기도 한다. 하지만 최우선 순위인 가족들과의 관계에 있어서 가장 크게 발전한 부분은 이제 머릿속에 정해둔 하루 할당량을 채우려고 아이들과 '적당히' 시간을 보낼 생각은 없다는 점이다. 그대신 아이들이 아직 어리고 나와 같이 있고 싶어 할 때(이미 비슷한 시기를 겪어본 부모들은 그 시간이 생각보다 금방 끝날 거라고 경고했다), 어떻게든 최대한 함께 있으려고 노력했다. 내 삶의 최우선 순위는 아이들과 가까워지고 긍정적인 영향을 주는 것이었고, 그럴 수 있는 유일한 방법은 같이 즐겁게 지내는 것뿐이었다. 아이들과 오래 함께할수록 유대감은 더욱더 깊어졌고 나는 아이들이 발전할 수 있게 좋은 영향을 줄 수 있었다. 그래서 기회가 생길 때마다 그런 시간을 보내려고 애쓴다.

진짜 중요한 것을 우선시하지 않으며 살았던 사람이 나 혼자뿐이길 바랐지만, 새로운(암 치료 이후) 강연 메시지인 '가장 중요한 것'을 수천 명에게 전파한 결과 나와 같은 사람이 여전히 많다는 사실을 깨달았다. 당신도 여기 해당한다면 그 사실을 인정하고 변화를 만드는 데 전념하는 것이 중요하다. 자신에게 정직해지자. 일이 우선순위가 되길 바란다면 일에 전념하고 죄책감을 느끼지 말아야 한다. 나는 가족이 생기기 전에는 일이 최우선 순위였고, 아주 만족스러웠다. 요즘에도 일을 제일 우선시할 때도 있지만 그

건 원칙에는 어긋난다. 건강이 가장 중요하다고 생각한다면 행동과 일정으로 그 선택을 뒷받침해야 한다.

잊지 말자. 최우선 순위의 대상은 언제든 바뀔 수 있고 언젠가는 바뀌기 마련이다. 당신이 열다섯 살이었을 때와 지금은 우선순위가 분명 다를 것이다. 게다가 평생에 걸쳐 여러 차례 바뀔 테니, 지금 당장 최우선 순위가 뭔지 알아내려고 지나치게 압박감을 느낄 필요는 없다. 그리고 선택한다고 해서 다른 목표들을 외면하게 될까 봐 두려워하지 마라. 일단 당신에게 가장 중요한 것과 최우선 순위가 무엇인지 깨닫고 나면 실제로 생산성이 향상할 것이기 때문이다.

무엇이 가장 중요한가

███████ 삶에서 무엇이 제일 중요한지 명확하게 알고 있다고 확신에 차서 말할 수 있는가? 가족이 제일 중요한가? 아니면 친구? 건강? 목표? 확신하기 힘들다면 세계적으로 성공하거나 꿈을 실현한 사람들이 그랬듯 찾으려고 노력해야 한다. 그들은 가장 중요한 것(다른 말로 하면 가장 높은 가치와 최우선 순위)을 정확하게 정의했고, 매일 그와 일치하는 삶을 살고 있다.

누구나 살다 보면 엄청난 일이 일어나서 온 세계가 뒤흔들리고, 자신에게 가장 중요한 가치를 깨달아서 어떻게 하면 그 가치와 일치하는 삶을 살 수 있는지 확실히 알 수 있는 건 아니다. 당신이 아직도 그 대상을 알아내려고 애쓰고 있다면, 한번 다르게 접근해 보자.

잠시 미래로 여행을 떠나서 당신이 기적 전문가로 살고 있다고 상상해보자. 아침에 일어날 때마다 확고한 신념과 남다른 노력으로 하루에 접근한다. 끊임없이 성과를 올리고 성취감을 느낀다. 사람들은 이제 당신을 보면서 모든 것이 잘 풀리는 운 좋은 사람이라고 생각한다. 당신은 가장 높은 가치와 위대한 능력이 일치하는 삶을 살고 있기에 그 어느 때보다 행복하고 평정심을 느낀다. 그리고 당신의 일정도 우선순위와 일치한다. 여기저기에 다양한 기회가 있지만, 가장 중요하다고 판단한 것만 선택하고 나머지는 대부분 거절한다.

이렇게 기적 전문가가 된 자신의 모습을 볼 때, 삶에서 가장 가치 있게 생각하는 것은 무엇인가? 가족인가? 건강, 일, 돈, 영성, 재미, 공헌, 혹은 개인적 발전인가? 그게 제일 중요한지 어떻게 알 수 있을까? 당신의 하루 일정 중에 가장 높은 가치와 최우선 순위와 관련된 활동을 하는 시간이 있는가?

내가 이 주제를 다소 장황하게 설명하고 있다는 건 알지만, 사명을 명확하게 정하려면 스스로 제일 가치 있게 생각하는 대상을 정의해야 한다. 이러한 가치나 최우선 순위와 일치하는 삶을 살 때 훨씬 쉽게 기적—특히 가시적이고 측정 가능한 기적—이 일어나기 때문이다. 그렇지 않으면 여러 우선순위에 대한 착각 때문에 끝없이 압박감을 느끼고, 언제 얼마나 에너지를 집중해야 할지 정신없이 갈등하게 된다.

최우선 순위가 무엇인지 확실해졌다면, 전에 적어둔 목표를 끄집어내자. 올해 목표나 삶의 목표 등을 적어놓지 않았다면, 일단이 책을 덮고 몇 분만 시간을 내서 앞으로 다가올 몇 달 동안 추구하고 싶은 목표를 적는다. 완벽한 목표를 찾으려고 고민할 필요는없다. 그냥 아래 제시하는 주제에 대해 각각 머릿속에 처음 떠오르는 것(개선하고 싶은 부분)부터 시작하면 된다.

- 건강과 몸매
- 재미
- 가족
- 개인적 발전
- 친구
- 영성
- 일
- 기여/자선
- 돈

최우선 순위로 삼을 만큼 중요한 목표가 무엇인지 검토하면서이 질문에 대답해보자. 살면서 모든 것을 달성하는 데 필요한 자질과 특성을 길러줄 목표 한 가지는 무엇인가?

그 목표는 당신에게 절제력과 회복력, 일관성 그리고 가장 중요하게는 확고한 신념과 남다른 노력 같은 기적 전문가의 자질과 특성을 불어넣고 기적 전문가가 되는 방향으로 인도해야 한다. 이 목표와 당신이 삶의 기준으로 삼고 싶은 최고 가치가 일치하는가? 그렇지 않다면 목표나 가치 둘 중 하나는 바꾸는 쪽을 고려하는 게 좋다. 모든 초점과 에너지를 새로운 정체성에 집중해서 최고 목표와 가치가 일치하게 만들어야 한다. 또한 목표를 달성하는 과정이 두렵거나 어렵다고 해서 목표 자체를 포기해선 안 된다. 최고 목표가 부담스럽고 두렵기까지 한 건 정상이다. 당신의 안전지대 밖에 있어야 하기 때문이다. 당신이 존재하는 방식이 완전히 새로워질 테니, 특별히 의미 있는 목표여야 한다.

체중을 많이 감량하겠다는 목표를 추구하면 기적 전문가의 자질과 정체성을 개발할 수 있는가? 사업을 시작하거나 직업을 바꾸면? 책을 쓴다면? 마라톤을 완주하거나, 소득을 두 배로 올린다면? 나는 마지막 두 가지 목표를 통해 기적 전문가의 자질과 정체성을 키웠다.

가장 효과적으로 새로운 정체성을 구축할 수 있는 목표가 무엇인지 명확해지면, 그 목표가 당신의 사명이 된다. 내가 일부러 사명이라는 단어를 쓰는 이유는(내 삶에서도 마찬가지다) 좀 더 진지한 분위기를 자아내고 고차원적인 목적을 암시하기 때문이다. 메리엄-웹스터 사전의 정의에 따르면 목표는 '노력이 유도하는 결말'이다. 목표를 수립하는 과정은 재미있다. 우리는 목표를 수립하면서 온갖 멋진 일을 상상한다. 이뤄지지 않는다고 해도 다른 목표를 골라서 그것이 이뤄질 때를 상상하며 즐길 수 있다. 결국 목표는 환상에 가까워진다.

한편 사명은 다른 차원의 노력을 암시한다. 백 가지 목표는 한 가지 사명의 무게를 감당하지 못할 것이다. 군대는 사명을 수행한다. 인도주의 단체에서도 사명을 수행한다. 사명의 무게는 목표와는 전혀 다르며, 그 대상도 규모가 훨씬 큰 경우가 많다. 이처럼 다른 언어로 표현하면 경험이 달라진다.

목표: 달성하길 원하는 여러 가지 대상

사명: 무슨 일이 있어도 달성하려고 전력을 다하는 한 가지 대상

사명을 결정하려면(아직 결정하지 않았다면) 다른 목표를 모두 검토한 다음, 이 질문에 대답해야 한다는 사실을 기억하자. 살면서 모든 것을 달성하는 데 필요한 자질과 특성을 개발하게 해줄 가장 중요한 목표 한 가지는 무엇인가?

내 사명은: ....

....

....

이제 사명을 명확하게 정의하고 탄력을 받을 준비를 마쳤으니 걱정할 필요는 없다. 하지만 이렇게 큰 목표를 어떻게 달성한단 말인가? 아마 미심쩍을 것이다. 구체적인 방법을 지금 자세히 소개

하지는 않겠지만, 자신만의 프로세스를 구축하는 방법을 8장에서 다루겠다고 약속한다. 생각보다 훨씬 쉽다. 그러니 일단 하던 얘기를 계속하자.

사명을 위한 안전망 만들기

▬▬▬▬▬ 줄타기 곡예사가 되고 싶다면(나도 그럴 마음은 없다), 줄에 올라서기 전에 안전망부터 준비해야 한다. 무언가 새롭고, 두렵고, 자신의 안전지대를 벗어나는 목표를 시도하려고 할 때도 마찬가지다.

기적을 일으키려고 할 때 가장 먼저 부딪히는 장애물은 확고한 신념을 구축하다가 발생한다(다음 장에서 깊이 있게 다룰 예정이다). 사명을 달성할 가능성이 점차 커질수록 더 열중할 수 있고, 그 상태를 유지하기가 쉬워진다. 사명에 뛰어들기 전에 달성 확률을 높이기 위해 먼저 실천해야 할 전략이 몇 가지 있다.

◆ **월 단위 사명을 수립하라(다른 사람이 12개월 동안 하는 것보다 더 많은 일을 30일마다 실행하라)**

목표 성취자들에게 새해는 항상 신나는 시기다. 이 기간에 우리는 작년에 했던 일을 돌아보고, 다가오는 12개월 동안 실천할 새로운 목표를 수립한다. 매년 수백만 명이 새해 목표를 수립하지만 늘 그 목표에 못 미치거나 실패한다. 이유가 무엇일까?

나는 아주 훌륭한 책《12주를 1년처럼The 12 Week Year》을 읽은 적이 있다. 1년을 긴 시간으로, 어쩌면 지나치게 긴 기간으로 인식했던 관점을 뒤집어준 책이었다. 1월이 거의 끝났는데 아직 목표를 제대로 진행하지 못했다? 문제없다. 앞으로 11개월이나 남았으니까. 4월인데도 진도가 별로 나가지 않았다면? 걱정할 필요 없다. 다 못 한 일은 5월, 6월, 7월, 8월, 9월, 11월 그리고 12월에 하면 된다. 시간은 충분하지 않은가?

장기 목표의 문제는 스스로 너무 많은 시간을 허락하기 때문에 시급성에 대한 소중한 감각을 잃는다는 점이다. 꾸물거리는 버릇이 비현실적이고 고질적인 낙관주의와 만나면—즉 항상 시간은 많다고 생각하면—좀 미뤄도 얼마든지 감당할 수 있다는 착각을 하게 된다. 이런 악순환 고리 때문에 우리는 기회를 잃고, 목표를 달성하지 못하고, 가능성을 발휘하지 못한다.

목표를 달성할 기간이 12개월이 아니라 1개월만 주어진다면 어떨까? 매달 새해가 시작한다면? 매달 진행 상황을 점검하고 새로운 목표를 수립하고 새롭게 시작한다면?

매달 사명—더 큰 사명을 이루기 위한 월별 한 가지 목표—을 수립하면 월 단위로 최우선 순위에 최대한 집중할 수 있다. 또한 시급성에 대한 건전한 감각을 꾸준히 유지하여 기적 전문가의 마음가짐과 행위를 발전시켜나간다는 궁극적인 사명을 계속 추진할 수 있다.

◈ 적절한 환경을 구축하라

우리는 목표를 포기하게 만드는 장애물을 저도 모르게 스스로 만들곤 한다. 체중 10킬로그램을 빼고 싶다면서 찬장에 과자와 탄산음료를 쌓아둔다. 아침에 명상이나 운동을 하고 싶다면서 휴대전화를 들여다보며 이메일이나 SNS를 체크하고, 절대로 끝나지 않을 할 일 목록을 붙들고 있다. 커다란 목표와 꿈을 갖고 있다고 주장하지만 그걸 위해 노력할 시간은 하루 시간표에서 찾기 힘들다.

자신의 환경과 일정을 평가한 다음 최우선 순위를 방해하는 요소를 전부 없애야 한다. 하루 시간표에 '사명을 달성하는 시간'을 반복적으로 설정하되, 최대한 이른 시간을 정해서 가장 중요한 일을 첫 번째로 처리하는 게 제일 이상적이다. 늦출수록 다음 날로 미룰 확률이 높아지기 때문이다(그런 적 없는 사람은 손을 들어보자). 그리고 가장 활력이 넘치고 머리가 맑은 시간대에 중요한 일을 처리하기가 쉽다. 아침이 아니라 퇴근하고 돌아오는 길에 헬스장에 가고 싶다면 헬스장 가방을 차에 넣어두자. 사무실을 나서기 전에 운동복으로 갈아입어도 좋다. 목표를 달성하기 쉬운 환경을 만들어야 한다.

고객을 더 많이 확보하고 싶다면 특정한 시간과 조용한 장소를 정해서 전화하고 미팅을 잡아야 한다. 외국어를 배우고 싶으면 책과 라디오, 그 언어로 말하는 사람들과 환경에 둘러싸여야 한다. 우리는 기적을 일으킬 수 있게 마음속에 감정적인 여유를 만드는 방법을 논의했다. 마찬가지로 물리적인 공간도 구축할 필요가 있다.

당신의 주위에 있는 사람들도 생각해야 한다. 주변 사람들이 핑계 대기를 좋아하고 삶에서 아무것도 이루지 못하는 것 같다면, 그들은 당신에게 아무런 동기부여가 되지 못한다. 당신이 하고 싶은 일을 이미 하는 사람이나 적어도 자신의 최우선 순위에 부합하게 살면서 어떤 분야에서든 성공한 사람을 찾아라.

내 스케줄은 '가족'이라는 사명에 맞춰져 있고, 이제 거의 자동 조종 모드로 흘러간다. 덕분에 암의 재발을 막고 가족들과 함께 오랫동안 건강하게 살아간다는 사명에 다시 집중할 수 있었다. 나는 이 사명에 부합하게 환경을 조성했다. 매일 아침 10분 동안 암에 걸리지 않는다는 확언을 암송하고 10분간 명상을 하며, 또 10분 동안 어떻게 하면 재발을 막을 수 있는지 관련 도서를 읽는다. 매일 아침 집에서 만든 레몬수를 마시고, 매달 베지 바이브^{Veggie Vibes}(www.veggievibes.com)에서 배달되는 채소 위주의 음식을 먹는다. 또한 오존 사우나 기계를 사서 일주일에 세 번 이용하고 항암 효과가 증명된 보충제 30종을 매일 먹으며, 일주일에 한 번씩 커피 관장을 한다(엉덩이에 관을 하나 꽂을 뿐 크게 힘들지 않다). 의도적으로 모든 환경을 현재 삶의 사명에 맞게 조정한 것이다.

내 '가족' 사명과 마찬가지로 '항암' 사명 역시 자동으로 돌아가고 있으므로, 이제 다른 사명에 집중할 수 있다. 당신의 스케줄을 조정하고 각 사명을 지원하는 환경을 구축하면, 결국 자동 조종 단계로 들어가서 다음 미션으로 초점을 전환할 수 있게 된다. 그리고 기적 전문가의 자질과 특성을 개발하다 보면 매번 더 빠르고 쉽게 자동 조종 모드에 도달하는 경향이 생긴다.

◈ 책임을 지울 수단을 마련하라

한 번도 해본 적 없는 일을 도전했다가 스트레스만 받고 포기하기가 얼마나 쉬운지 나도 잘 알고 있다. 그러니 뜻이 통하는 사람들을 찾아서 가까이하려고 노력해야 한다. 비슷한 사람들을 모아서 이끌어나가면 책임감과 균형감이 생기고 격려를 받을 수 있기 때문이다. 모두 사명을 달성하는 데에 크게 도움이 될 것이다.

첫째, 다짐한 목표를 실행하는 것에 서로 책임을 지운다. 의지란 무척 강력하지만 잘 활용되지 않는 가치인데, 내가 정의하는 의지는 한번 하겠다고 마음먹은 일은 예외나 변명 없이 끝까지 해내는 것이다. 꿋꿋한 의지로 전력을 다해 살다 보면 삶을 말하는 대로 이룰 힘을 얻을 수 있다. 무엇인가를 하겠다고 말을 한 다음 그 말을 지키면, 다 끝난 것이나 다름없다(필연적으로 반드시 이뤄진다).

말로는 누구나 현실에서 항상 의지를 발휘할 수 있다. 하지만 실천은 쉽지 않다. 특히 우리는 어떤 행동이든 기본적으로 변명을 찾으려고 하기 때문이다. 무의식적이긴 하지만 의지보다는 변명을 중시하는 경향이 있다. 핑계를 대려는 경향이 있는지 어떻게 알 수 있을까? 지금까지 전념했던 일의 마감 시한을 지키기 힘들어졌을 때를 생각해보자. 그럴 때 집중력과 창의력은 어디로 사라진 걸까? 무슨 일이 있어도 마감 시한을 지키려고 남다른 노력을 기울이는 대신, 본능적으로(자기도 모르게) 기존 약속에서 벗어날 핑계를 만들고 노력을 미루거나 아예 안 해도 될 방법을 찾는다. 어린 시절 "강아지가 제 숙제를 먹었어요"로 시작한 핑계가 책임을 피하려고 조금 정교해졌을 뿐이다. 이런 사실을 깨달았다고 해서 실망할 필요는 없다. 많은 사람이 이런 행동을 하기 때문이다. 그러므로 가능성을 실현하고 중요한 목표를 이루겠다고 굳게 다짐한 사람들을 주변에 두는 게 중요하다. 이들은 일종의 안전망을 형성한다. 당신이 다짐한 일에 책임을 부여하고, 핑계를 대려고 할 때 당신의 집중력을 불러낼 것이다.

이들은 당신을 지원하고 격려한다. 어떤 목표에도 지름길이 없다는 사실을 직시하자. 오르막이 있으면 내리막이 있고, 좋은 날이 있으면 안 좋은 날도 있다. 그리고 안 좋은 날을 겪고 나서 포기하고 싶어질 때, 변함없이 지원해주는 응원군이 있으면 성공에는 크게 도움이 된다. 당신을 헌신적으로 돌봐주는 개인 코치 그룹을 거느린 셈이다. 이렇게 긍정적인 기능은 한 방향으로만 작용하지는 않는다. 다른 사람들을 도와주면서 당신도 최선을 발휘할 수 있다. 다른 사람에게 책임을 부여하면 당신에게도 책임이 생긴다.

　기적 전문가팀(팀명은 원하는 대로 붙여도 좋다)은 당신이 헤매고 있을 때 다른 접근 방식이나 전략을 제시해줄 수 있다. 혹은 사태가 빠르게 명확해져서 혼란에서 벗어날 수 있도록 도와준다. 단순히 혼자가 아니라는 사실은 커다란 목표에서 오는 두려움을 덜어준다. 비슷한 생각을 하는 사람들과 교류하면서 그들의 경험상 효과가 있었거나 없었던 전략이 무엇인지 공유하는 방법도 무척 효과적이다.

　중요한 목표를 위해 노력하는 비슷한 사람들을 모르거나 다른 사람과 함께 일하는 것 자체를 좋아하지 않는다면, 책임을 나눌 개인 파트너를 찾는 방법도 있다. 일정한 시간에 대화할 수 있고 당신에게 엄격하게 책임을 지우는 사람이라면, 그 사람은 팀과 같은 역할을 한다.《미라클 모닝 사업가 편: 사업을 키우려면 나부터 발전해야 한다The Miracle Morning for Entrepreneurs: Elevate Yourself to Elevate Your Business》의 공동 저자인 캐머런 헤럴드Cameron Herold와《미라클 모닝 중독 치료 편: 미래의 나를 위해 과거의 나는 버려야 한다The Miracle Morning for Addiction Recovery: Letting Go of Who You've Been for Who You Can Become》(둘 다 국내 미출간)의 공동 저자인 조 폴리시Joe Polish는 서로의 책임 파트너였다. 두 사람은 매일 서로를 체크하고 목표 달성 추적 앱인 '3개의 약속CommitTo3'을 사용하여 공동으로 책임을 졌다. 이 앱은 매일 가장 중요한 목표를 세 가지 정하고 이를 달성하도록 독려한다. 중요한 건 누군가 당신을 지지하고, 계속해서 의지를 발휘할 수 있게 도와줄 사람이 있어야 한다는 사실이다. 반려자나 가족 등 사랑하는 사람은 절대로 안 된다. 당신의 사정을 잘 아는 만큼 봐줄 확률이 높기 때문이다. 책임이라는 요소가 성공을 좌우하는 만큼 먼저 일정을 쪼개서 이런 사람부터 물색해야 한다.

◈ 기적 멘토를 찾아라(어디에서 나타날지 예측할 수 없다)

누구나 혼자만의 관점에는 제한이 있으므로, 적어도 한 명쯤 멘토가 있으면 유익하다. 멘토는 기적 전문가팀의 멤버이거나 책임 파트너 중 한 명일 수도 있다. 멘토는 당신에게 책임을 지우기도 하지만, 그보다 자주 넓은 기회의 장을 보여준다. 충고를 건네고 더 좋은 길로 안내해주기도 한다. 당신이 추진하려고 생각하는 바로 그 목표를 시도할 수 있게(심지어 달성할 수 있게) 경험에서 우러나오는 조언을 해줄 때도 있다. 멘토는 당신을 너무 잘 알고 있어서 당신이 한 번도 고려하지 않았거나 어렵게만 느꼈던 길을 볼 수 있게 해줄지도 모른다.

이 책의 초반에 언급했던 존 버그호프는 후자에 해당하는 사람이었다. 그는 지난 20년 동안 내게 긍정적인 영향을 주었고, 내 인생에 가장 큰 영향을 준 사람이라고 할 수 있다. 하지만 처음 만났을 때 존이 내 멘토가 되리라고는 상상도 하지 못했다.

무엇보다 존은 나보다 어렸다. 그리고 처음에 우린 컷코에서 아주 강력한 라이벌이었다. 존은 나보다 1년 반 정도 늦게 입사했지만 내 판매 기록을 거의 다 빠르게 갈아치웠다. 난 아직도 영업 콘퍼런스에서 어색했던 우리의 첫 만남을 기억한다. 내 소중한 프로모션 기간 판매 기록을 존이 갱신하고 몇 분 지나지 않은 시점이었다. 그다음 해부터 우린 서로를 알아가기 시작했고 결국 둘도 없는 친구가 됐다. 존은 내가 만난 사람 중에 가장 훌륭한 사람이었다. 그러니 다른 영업사원들보다 어리고 경험도 부족하지만 회사 역사상 그 누구보다(수십 년 경력을 지닌 사람을 포함하여) 높은 실적을 올릴 수 있었을 것이다.

2001년, 여전히 컷코 판매 사원이던 시절 나는 다른 회사에서 시간제로 제품을 팔아달라는 제안을 받았다. 수입원을 다변화할 좋은 기회라고 생각하고 존에게 전화해서 함께 다른 회사에서 근무하지 않겠냐고 물어봤다. 존의 대답은 전혀 뜻밖이었고, 이후 내 삶의 방향을 완전히 바꿔주었다.

"할, 뭐하는 거예요?" 존의 목소리는 심각했다. "잘 들어요. 당신은 죽었다가 살아났고, 다시는 걷지 못할 거라는 말까지 들었지만 결국은 걸었어요. 그게 별일 아니라고 생각하는 건 알지만, 확실히 보통 일이 아니에요." 존은 내 이야기를 사람들과 공유해서 내가 어떻게 역경에 대응하고 극복했는지 알려주고 사람들도 그렇게 할 수 있게 도와줘야 한다고 말했다. "나라면 다른 회사 제품을 파는 게 아니라 남는 시간을 쥐어짜서 당신의 인생 이야기를 책으로 쓰겠어요." 난 존이 한 말을 깊이 생각했고, 그 말이 옳다는 걸 깨달았다. 그 대화는 작가이자 강연자라는 내 평생의 사업을 시작하는 계기가 됐다.

존을 처음 만났을 때, 그가 언젠가 내 멘토가 되리라고는 전혀 생각지도 못했다. 그래서 난 항상 다른 사람들에게 좋은 충고에 귀를 기울이라고 말한다. 뜻밖의 사람이 충고하더라도 마찬가지다. 다양한 사람에게 배우려고 하고 피드백을 구할수록, 새로운 멘토를 발견하고 10등급의 삶에 가까워질 수 있는 새로운 관점을 얻을 가능성이 커진다.

◈ 자신의 사명을 주변에 알려라

사명에 확실히 전념하고 스스로 책임을 지려면 주변 사람들에게 알려야 한다. 무엇을 위해 노력하고, 왜 다른 선택은 고려하지 않고 거기에만 매진하려고 하는지 가까운 이들에게 알리자. 목표를 사람들에게 말하기보다는 행동으로 보여줘야 한다는 의견도 있을 수 있다. 하지만 목표를 다른 사람에게 알리면서 커다란 차이가 발생한다. 말하지 않았을 땐 스스로 사정을 봐주기 쉽기 때문이다. 우리는 늘 그런 행동을 하고 있다.

나는 목표를 사람들에게 알렸을 때 발생하는 효과를 직접 시험하고 목격했다. 앞서 소개했듯, 20만 달러의 판매 실적을 달성하겠다는 목표를 세우고 뜻이 같은 영업사원들과 함께 팀을 꾸렸다. 그렇게 해서 공공연하게 주변에 목표를 알렸고, 팀원들끼리 서로 돕고 책임을 지웠다. 또한 자선 목적으로 울트라 마라톤(80킬로미터를 연속으로 뛴다)에 출전하겠다고 결심했을 때는 더 많은 사람에게 알렸다. 당시 상황을 좀 더 자세히 들여다보자. 나는 세상의 모든 달리기 선수들에게 경의를 표한다. 하지만 그들은 나와는 전혀 관련 없는 사람들이다. 특별히 자랑스럽지는 않지만 난 늘 '달리기를 싫어하는 사람'이었다. 항상 그랬다.

하지만 2008년 중반, 뛰는 게 싫었기 때문에 울트라 마라톤에 출전한다는 사명을 세웠다. 말도 안 되는 얘기 같다는 걸 나도 안다. 《미라클 모닝》을 실천하던 어느 날 문득 이런 생각이 들었다. '하루에 80킬로미터를 뛰려면 어떤 사람이 돼야 할까? 난 그런 사람을 모른다. 만난 적도 없다. 하지만 궁금하다.' 그 사람은 나보다 훨씬 자기 관리에 철저하고 능력이 뛰어날 거라는 생각이 들었다. 마음만 먹으면 무엇이든 할 수 있는 사람일 것 같았고, 나도 그런 사람이 되고 싶었다.

그래서 다른 사람들의 지원을 받고 내게 책임을 지우기 위해 두 가지 일을 했다. 첫째, 내가 가장 좋아하는 자선 단체인 '프론트로 재단Front Row Foundation'의 기금 모금을 위해 울트라 마라톤에 참여한다고 페이스북에 공지했다. 공공연하게 선언함으로써 그 말을 끝까지 지키게 도와줄 지렛대를 마련한 셈이다. 포기하고 싶은 순간에도(기적을 일으키는 과정에 누구나 경험한다) 자선기금을 모금하겠다고 약속해놓고 마음을 바꾸는 한심한 사람이 되고 싶지는 않을 것이었다. 그다음에는 온라인으로 《뛰기 싫어하는 사람을 위한 마라톤 트레이너The Non-Runner's Marathon Trainer》라는 책을 주문했다.

운 좋게도 울트라 마라톤에 함께 도전하겠다는 친구를 세 명 만났다. 제임스 힐James Hill, 알리샤 엔더러Alisha Anderer 그리고 파비앙 발렌시아Favian Valencia였다. 우리는 이 모임에 '울트라 친구들'이라는 별명을 붙였다. 결국 우리 모두 마라톤을 완주했다. 울트라 친구들의 공식 입장은 아니지만, 나는 아직도 뛰는 게 싫다. 하지만 그 과정에서 내가 무엇을 했을까? 울트라 마라톤을 완주할 수 있는 사람을 만났을 뿐만 아니라 스스로 그런 사람이 됐다. 덕분에 내 인생은 더 나아졌다. 당신이 존중하고, 또 존중받고 싶은 사람들에게 공개적으로 약속하면 포기는 불가능하다.

◉ 한 가지 사명이 여러 목표로 이어진 사례

내 친구이자 예전에 컷코의 동료였던 존 이즈리얼John Israel(그렇다, 컷코에 다니지 않았으면 친구도 없었을 것이다)은 한 가지 사명을 추구하다가 다른 여러 가지 중요한 목표를 달성한 좋은 사례이다. '땡큐맨'으로 알려진 존은 한 번에 한 장씩 감사 카드를 전달해서 지구의 감사 수준을 1% 올리겠다는 사명을 수행하고 있다. 이 사명을 달성하기로 다짐한 첫해부터 매일 감사 카드를 손으로 다섯 장씩 썼다. 그리고 카드를 받는 사람은 다 다른 사람이어야 한다. 똑같은 사람에게 중복해서 카드를 주는 건 1년에 최대 세 사람까지 가능하다. 흥미진진하지 않은가?

존이 다른 목표에 접근했던 방식도 흥미롭다. 다른 목표들은 모두 감사를 표한다는 사명을 거쳐서 이뤄졌기 때문이다. 그래서 존은 그해에 많은 결과를 이뤄낼 수 있었다. 존은 나라 반대편을 가로질러 아기를 데려왔고, 자신과 마음이 통하는 '기적 전문가' 아빠들 커뮤니티에서 아이를 키웠다. 그러면서 존의 인간관계와 커뮤니티는 빠르게 확장됐고, 컷코에서 연간 44만 5,000달러라는 인상적인 판매 실적을 올리는 동시에 감사 카드를 1,825장이나 직접 손으로 써서 보냈다. 최고의 한 해였다. 세상에 최대한 감사를 표현했더니 결국 더 많이 감사할 일이 생긴 셈이다. 한 가지 사명을 기준으로 다른 목표들이 정해졌고, 그 사명 덕분에 한 해 동안 존이 결심했던 일을 거의 모두 달성할 수 있었다.

다른 목표를 잊지는 마라

██████████ 　지금까지 우리는 최우선 순위가 될 한 가지 목표, 즉 사명을 정의하고 결정하는 문제를 논의해왔다. 그렇다고 해서 삶의 다른 영역을 내버려둬야 한다는 건 아니다. 사명을 제일 우선시해야 할 뿐이다. 일단 사명을 달성하면 원하는 다른 목표가 무엇이든 시도해도 좋다.

기억할지 모르겠지만 내가 예전 최고 실적의 두 배를 달성했던 해는 다른 목표도 거의 다 달성했다는 면에서 최고의 한 해였다. 한 가지 사명을 정하면, 가장 중요한 목표부터 한 번에 한 가지씩 시간과 집중력을 쏟을 수 있다. 아침에 일어나서 제일 쉬운 일부터 손대는 것보다 훨씬 효과적이고 효율적인 방법이다. 한 가지에만 집중할 때 여러 목표를 달성하기가 오히려 훨씬 쉬울 수 있다.

지금까지 목표의 진짜 목적과 사명을 정하는 법을 다뤘으니, 다음 두 장에서는 기적 전문가로 거듭나서 일생일대의 목표를 단순한 가능성에서 있음직한 일로 그리고 반드시 이뤄질 현실로 바꾸려면, 꼭 해야 할 두 가지 결심을 깊이 있게 살펴볼 것이다. 너무 큰 목표를 정한 것 같아서 두렵고 여전히 불가능하리라 생각된다면 이어지는 장을 두 번 읽어도 좋다.

7장:

**첫 번째 결심:
확고한 신념**

⬦⬦⬦⬦⬦⬦

끝까지
믿음을 잃으면
안 된다

도전이 두려운 이유는 믿음이 부족하기 때문이다.
나는 나를 믿는다.
_ **무하마드 알리**Muhammad Ali

혹시 여러분은 이런 사실을 알고 있었는가?

닥터 수스Dr. Seuss＊의 첫 책은 출판사 27군데에서 거절당했다. 이후 닥터 수스는 60종이 넘는 책을 성공리에 출간했으며 세계적으로 6억 부가 넘는 판매 부수를 기록했다.

베이브 루스Babe Ruth는 삼진 아웃을 1,330번 당했지만 동시에 홈런 최고 기록을 갖고 있다. 그는 역대 최고 선수로 추앙받는다.

빈센트 반 고흐Vincent van Gogh는 생전에 겨우 한 점의 작품을, 그것도 친구에게 팔았지만 계속해서 그림을 그렸다. 사망할 무렵까지 800점이 넘는 그림을 그렸고, 오늘날 한 점당 가격은 수백만

＊　테오도르 소이스 가이젤Theodor Seuss Geisel, 1904 ~ 1991 : 미국의 동화작가로 '미국의 안데르센'으로 불리기도 하며, 1984년에 퓰리처상을 수상했다.ー옮긴이

달러에 달한다.

다재다능한 작가이자 배우, 제작자, 감독인 타일러 페리^{Tyler} Perry는 첫 연극이 완전히 망하면서 가진 돈을 모두 잃었다(사실 시작할 무렵 돈이 많지도 않았다). 그는 좌절하지 않고 차에서 새우잠을 자가며 인원을 정비하고 다시 연극을 무대에 올렸다. 6년이라는 시간이 걸리기는 했지만 결국―드디어―연극이 성공했고 이후로 눈부신 성공을 거듭했다. 그의 순자산은 수억 달러로 급증했다.

월트 디즈니^{Walt Disney}는 '좋은 아이디어가 별로 없다'는 이유로 신문사에서 해고당한 후, 그때까지 존재했던 회사 중에 가장 창의적인 회사를 설립했다.

엘비스 프레슬리는 '그랜드 올 오프리'* 오디션을 봤다가 트럭 운전사나 계속하라는 얘기를 들었다. 그는 그 조언을 무시했고 결국 가요계의 신화가 됐다.

마이클 조던은 고등학교 농구팀에서 잘렸지만, 그 후 시카고 불스에 입단해서 농구계의 우상이 됐다.

이 중에 일부는 나도 들어본 적이 있다. 이 책을 쓰느라 조사하기 전까지는 몰랐던 사실도 있었지만 모두 아주 흥미롭다고 생각했다. 닥터 수스는 계속 글을 썼고, 베이브 루스는 방망이를 휘둘렀다. 반 고흐는 그림을 포기하지 않았다. 타일러 페리는 공연을

---

* 그랜드 올 오프리^{Grand Ole Opry}: 미국 테네시주 네슈빌에서 매주 열리는 컨트리 음악 콘서트로 1925년에 처음 열렸다.-옮긴이

그만두지 않았다. 월트 디즈니는 계속 상상했고, 엘비스 프레슬리는 노래를 불렀다. 마이클 조던은 계속 골대에 공을 던졌다. 하지만 왜? 왜 계속했을까?

이들 중 많은 이에게 성공은 처음 시도하고 오랜 시간이 지난 후에 찾아왔다. 그 과정에서 파산한 사람도 있다. 누구나 느끼는 회의감을 이들도 어느 시점엔가 똑같이 느꼈다. 왜 - '어떻게'가 더 좋은 질문일 듯하다 - 이들은 몇 번이고 실패를 되풀이하면서도 끈질기게 계속했을까?

나는 모두에게 적용되는 유일한 답은 확고한 신념을 유지했기 때문이라고 생각한다. 기적의 공식의 필수 요소는 확고한 신념과 남다른 노력이며, 이 두 가지 결심을 오랫동안 유지해야 한다. 두 결심을 바탕으로 전진하면 성공할 가능성은 크게 높아진다. 성공을 보증하거나, 원하는 결과가 나타나도록 마법 같은 에너지를 끌어내는 것은 아니다. 하지만 훨씬 실질적인 효과를 발휘한다.

앞서 소개한 기적 전문가들이 모두 그렇듯, 무엇인가를 달성할 수 있다는 신념을 수립하고 유지해야 행동으로 옮길 추진력이 생긴다. 그리고 활발하게 행동할수록 성공할 확률도 높아지며, 그 과정에서 역량과 효율이 증대된다. 무엇이든 당신이 추진하는 목표의 성과를 향해 나아갈수록 단순한 가능성은 있음직한 일로, 시간이 지나면서 궁극적으로 반드시 이뤄질 현실로 바뀐다. 이렇게 해서 기적의 삶이 시작된다.

내가 이 이야기에서 얻었고 독자들도 얻었으면 하는 교훈은, 성공은 저절로 이뤄지는 법이 없고 지름길도 없다는 것이다. 계속 나아가려면 신념을 지키는 수밖에 없다. 자기 분야에서 정상에 오른 사람들(그리고 수없이 많은 다른 사람들) 중에 누구도 꿈이 장애물에 가로막히고 신념이 약해지는 걸 허락하지 않았다. 그들은 성공하기 한참 전부터 계속 노력했고 신념으로 노력에 불을 붙였다. 그리고 자기 의지에 따라 명확하고 대담하며 흔들리지 않는 신념을 지켰다. 이번 장에서는 어떻게 확고한 신념을 개발하고 발전시킬 것인지 논의하고, 현실 속 사례도 살펴볼 예정이다.

확고한 신념으로 도약하기

▬▬▬▬   신념은 좀 모호한 개념이다. 신념이 생기기 힘든 이유는 개념 자체부터 증거가 필요하지 않기 때문이다. 그래서 막연하기만 하고 그다지 믿을 수 없는 것으로 느껴지기도 한다. 사람들은 대부분 부정적인 상황에서 신념을 입에 올린다. "이렇게 끔찍한 일도 다 이유가 있어서 생겼을 거야. 신념을 가져." "상황이 호전될 거라는 신념을 잃지 마." 이런 신념은 일시적으로 위안이 될 수도 있을 것이다. 가끔은 말이다.

내가 말하는 신념은 그와 다르다. 이 책에서는 당신이 할 수 있는 일에 대한 신념을 다룬다. 즉 어떤 역경이라도 극복하고, 가시적이고 측정 가능한 기적을 일으키는 능력에 대한 신념이다. 언뜻 보기에는 여전히 막연하고 믿음이 가지 않을 수도 있다. 왜냐하면 신념을 가지려면 인간의 회의적인 본성을 벗어나 크게 도약해야 하기 때문이다.

기적에서 절반의 지분을 차지하는 확고한 신념은 자연스러운 것이 아니다. 타고나지도 않는다. 그리고 신념은 느낌이 아니다. 그와 반대로, 단번에 결정을 내리고 의식적으로 결심해야 하며 시간이 흐르는 동안 적극적으로 키우고 유지해야 한다. 가시적이고 측정 가능한 기적은 모두 정말 실현할 수 있다는 개인의 믿음에서 시작했다. 그리고 기적이 현실이 될 때까지 얼마나 오래 걸리든 남다른 노력을 기울여야 신념을 유지할 수 있다. 확고한 신념을 유지하겠다고 마음먹으면 자기 내면에서 들려오는 부정적인 목소리를 모두 무시하고, 다른 사람들은 대부분 경험하지 못하는 마음가짐을 갖출 수 있다.

확고한 신념이야말로 모든 기적 전문가들이 평생 지켜나갔던 첫 번째 결심이라는 사실을 이해해야 한다. 의식적으로 결심을 반복하면 근본적인 마음가짐이 되고, 모든 도전과 기회를 바라보는 시각이 바뀐다. 어느 분야든 일인자의 마음가짐을 뜻하는 확고한 신념은 남다른 자기 확신이나 탁월한 자신감, 절대적인 신념 등 다양한 용어로도 묘사된다. 어떤 이름으로 부르든 기적 전문가는 모두 이런 마음가짐을 갖추고 있다.

나를 다시 시험에 들게 했던 해

██████   왜 내 삶이 두 번이나 시험에 들었는지, 아니 애초에 왜 그런 일이 생겼는지 모르겠다. 하지만 주변 세계가 무너지더라도 내겐 항상 진심으로 행복하고 감사하며, 긍정적인 마음을 선택할 능력이 있다는 걸 깨달았다. 그 선택을 함으로써 분별력을 유지하고 세상을 제자리로 돌려놓을 수 있다.

가장 최근에 내가 기적의 공식을 사용했을 때는 분명 그 어느 때보다 어려웠지만 그만큼 보람 있기도 했다. 기적의 공식은 실제로 내 목숨을 구했다. 그 일만 아니었으면 평범했을 2016년 10월 어느 날, 나는 한밤중에 숨을 헐떡이며 잠에서 깼다. 숨을 제대로 못 쉬고 헉헉대는 바람에 아내 어설라도 잠에서 깼다.

"왜 그래, 괜찮아?" 어설라가 물었다.

"모르겠어." 또 숨이 찼다. "숨을 못 쉬겠어." 아내는 곧바로 베개 몇 개를 받쳐줬고, 덕분에 좀 편해져서 다시 잠을 청했다. 아침에 예약이 필요 없는 긴급 의료 시설에 가기로 하고, 앉은 채로 잠이 들었다. 다음 날 가까운 긴급 의료 시설에 갔다. 폐렴 진단을 받고 아지트로마이신(항생제)을 처방받았다. 의사는 효과가 있길 바란다고 했지만 아니었다.

그 후 몇 주 동안 증상은 더 심각해졌고, 계속되는 폐 허탈*

---

*   폐 허탈Collapse of Lung: 한 개 이상의 광범위한 폐엽에 공기가 매우 부족해지는 현상.-옮긴이

증상 때문에 이틀에 한 번씩 응급실에 가서 물을 빼내는 지경에 이르렀다. 그때마다 극도로 고통스러웠다. 커다란 바늘을 흉곽에 꽂고 넘치는 물을 빼내야 했기 때문이다. 게다가 물의 양도 많았다. 그 기간에 폐에서 빼낸 물의 양은 11리터(약 10킬로그램)였다. 하지만 그렇게 해도 고통이 가시는 건 일시적일 뿐이었다. 물을 빼내면 곧 물이 다시 찼다. 매일 밤 숨을 제대로 쉴 수 없어서 잠들지도 못했다. 병원에서는 폐 허탈의 이유를 알아내기 위해 계속 전문가를 바꿨지만 아무도 원인을 찾지 못했다. 그러다 버클리 박사Dr. Berkeley를 만났다.

버클리 박사는 여러 가지 검사와 촬영을 했고 난 그 모든 과정을 견뎠다. 다음 날 박사의 임상 간호사가 다급한 목소리로 전화해서 버클리 박사가 검사 결과를 상의하기 위해 최대한 빨리 만나고 싶어 한다고 말했다. 드디어 답이 나올 모양이었다. 난 급히 차를 몰고 버클리 박사의 사무실에 갔다. 자리에 앉아서 박사가 들어오길 기다리는 동안, 지난 2주간 제대로 숨을 못 쉬었던 이유가 무엇인지 곧 알 수 있을 테니 다행이라는 생각이 들었다. 버클리 박사가 들어와서 내 맞은편에 앉아 검사 결과를 설명했다. 그는 모든 검사 결과를 바탕으로 초기 진단을 내렸다. "할, 아무래도 암의 일종인 것 같아요."

'암이라고? 그럴 수는 없어.' 난 생각했다. 적어도 난 암일 수가 없었다.

몇 년 전에 〈속속들이 암 치료하기 Healing Cancer from Inside Out〉라는 다큐멘터리를 봤다. 또한 《무엇을 먹을 것인가》와 《최적의 건강을 위해 잘 먹는 법: 음식, 식단, 영양에 대한 기본 안내서 Eating Well for Optimum Health: The Essential Guide to Food, Diet, and Nutrition》 등을 읽고 실천해왔다. 암 진단을 받기 전 6년 동안, 내 생각에 내 생활 방식은 '항암' 그 자체였다. 나이 서른일곱 살에 유기농 채식 위주로 식사했고 목초로 사육하고 호르몬제를 투여하지 않은 고품질 고기를 소량 먹었다. 정기적으로 운동했다. 매일 명상도 했다. 진심으로 행복했고, 스트레스는 최소한으로 유지했다. 가끔 맥주를 마시는 걸 제외하면 술도 별로 마시지 않았다. 어설라와 나는 집에 있는 유독한 화학 물질을 모조리 없애기까지 했다. 우리 집 선반의 샴푸, 치약, 데오드란트, 세정제 등은 극도로 자연적이고 화학 물질이 함유되지 않은 제품이었다. 우리는 최신판 히피라고 해도 과언이 아니었다.

그래서 나는 다른 의사의 의견을 구하기 위해 세 번째 병원을 찾았다. 그리 멀지 않은 텍사스 휴스턴의 MD 앤더슨 암센터 MD Anderson Cancer Center였다. 그곳 의사들은 곧 내 왼쪽 폐에 폐 허탈 증상만 있는 게 아니라 두 신장과 심장도 부전이 생기기 직전이라는 사실을 알아냈다. 나는 암이 있는지 확인하려고 갔지만 어느새 물을 빼기 위해 응급실에 들것으로 실려갔다. 이번에는 폐가 아니라 심장을 둘러싼 물이었다. 응급실 의사는 이 액체 주머니는 두께가 약 0.3센티미터이며, 0.3센티미터 더 두꺼워지면 심장이 멈추고 마비가 될 가능성이 있으니 개흉 수술을 해야 할지도 모른다고 했다.

그는 물을 빼려면 외과 의사가 내 가슴에 커다란 바늘을 꽂아서 심장에 붙어 있는 0.3센티미터 두께에 불과한 액체 주머니에 구멍을 뚫어야 한다고 말했다. 그 바늘로 심장을 뚫지 않는 게 관건이라고도 했다. 나는 그 과정을 완벽하게 이해해야 했고, 수술을 시작하기 전에 의사가 실수로 심장을 찔러서 심장마비가 생긴다고 해도 병원을 고소할 수 없다는 권리 포기 각서에 서명해야 했다. 나는 훌쩍이던 어설라에게 키스하고 아버지를 포옹했다. 황록색 수술 가운을 입은 남자 두 명이 나를 수술실로 데려갔다. 가족들은 수술실 유리창으로 수술 과정을 지켜볼 수 있었다.

15분 후 수술이 끝났다. 심장은 바늘에 찔리지 않았고, 개흉 수술을 하지도 않았다. 하지만 그다음 해를 점령할 시련은 이제 시작이었다. 왜 장기 기능이 망가졌는지 알아내야 했다. 난 이해할 수가 없었다. 그토록 건강하던 내가 어떻게 며칠 만에 생사의 갈림길에 선 걸까?

MD 앤더슨의 전문의들은 내게 무척 희귀하고 극도로 공격적인 암인 급성 림프구성 백혈병, 즉 ALL Acute Lymphoblastic Leukaemia 이라는 진단을 내렸다. ALL은 아주 드문 병이라서 앞서 갔던 두 병원에는 그 진단을 내릴 만한 장비가 없었다. 그리고 아주 공격적인 암이라서 ALL로 사망하는 사람들은 내가 갔던 긴급 의료 시설에서 그랬던 것처럼 대부분 오진이 원인이었다. ALL은 진행이 빠르기 때문에 진단을 받는다고 해도 대부분 손쓸 수 없는 상태인 경우가 많다. 적절하게 진단을 받아도 생존 확률이 아주 희박하다. ALL 진단을 받은 성인의 생존율은 20~30%이다. '물컵에 물이 반밖에 없다'는 시각을 지닌 사람들은 '죽을 확률'이 70~80%라고 말할 것이다. 내가 가장 두려워하는 일이 생길지도 몰랐다. 아내를 남편 없이, 아이들을 아버지 없이 홀로 남겨두는 일이었다. 절망적인 상황이었다.

MD 앤더슨에서 추가 검사를 한 결과 내 암은 NUP1이라고 알려진 희귀한 세포 변이를 한다고 했다. ALL과 이 변이가 합쳐진 경우는 아주 드물어서 생존율이 발표된 적이 없다고도 했다. 또한 20~30%라는 생존율이 최대 희망이긴 하지만, 한 백혈병 의사는 내 생존 확률은 10%까지 낮아질 수 있다고 덧붙였다. 구글에 'NUP1 변이가 일어나는 급성 림프구성 백혈병'을 검색했더니 4페이지가 넘어가도록 전혀 언급되지 않았다. 내 암을 치료하는 데 성공한 의사나 의료계 종사자가 이 세상에 있긴 한지 전혀 알 수가 없었다.

나는 아내를 사랑한다. 어린 두 아이는 내 세상의 주인이다. 그리고 전 세계 미라클 모닝 커뮤니티도 이끌어야 한다. 그 어느 때보다 잃을 게 많은 시기였다. 그때까지 겪은 일 중에서 암은 가장 두렵고 위험한 고난이었다. 치료할 방법이 확실하지 않은데 무엇을 해야 한단 말인가?

나는 제일 먼저 암이라는 사실을 완벽히 받아들이고 감정적으로 강해지기로 했다. 저항하지 않았다. 암이 아니었으면 하고 바라지도 않았다. 그래 봤자 망상이고 의미도 없으며, 끝없는 감정적인 고통만 만들어낼 뿐이다. 현실에 저항하고 부정하는 게 아니라 의식적으로 무조건 수용함으로써 평정심을 느꼈고, 모든 생각과 에너지를 내가 두려워하는 결과가 아니라 원하는 결과에 집중할 여유를 만들었다. 말하자면 암은 내 새로운 휠체어였다. 나는 자동차 사고를 당했을 때처럼 암과 싸워야 하는 불확실한 미래를 대면하고도 세상에서 가장 행복하고 감사한 사람이 되기로 했다.

두려움을 신념으로 대체하다

▬▬▬▬▬   내가 받은 진단을 생각할수록 죽을 확률에 집중하며 시간을 낭비할 수 없는 건 확실했다. 그랬다가는 스트레스만 쌓이고 낫는 데는 도움이 되지 않을 듯했다. 나는 암을 치료하는 과정에서 두려움에 잠식당하지 않겠다고 결심했다. 암에 걸린 게 행복하진 않았지만, 공포 때문에 죽음에 이를 순 없었다. 살아날 확률을 높여야 했다. 단순한 가능성에서 있음직한 일로, 그리고 무엇보다 중요하게는 반드시 이뤄질 현실로 바꿔야 했다.

나는 곧 기적의 공식을 떠올렸다. 기적의 공식만큼은 수없이 경험했듯이 예상을 뒤엎고 특별한 결과를 창조해줄 거라는 사실을 알고 있었다. 의사들이 내게 다시는 걷지 못할 거라고 했을 때, 기적의 공식 덕분에 첫걸음을 뗄 수 있었다. 판매 기록을 깨려고 했을 때도 효과를 발휘했다. 내가 가르쳤던 모든 사람에게도 그 공식은 효과적이고 안정적인 방법이라는 사실이 증명됐다. 그뿐 아니라 세상에서 가장 많은 성취를 이룬 사람들에게도 두루 효과가 있었다. 그래서 나는 제일 먼저 머릿속에서 두려움을 없애기 위해 확고한 신념을 불러왔다.

그렇다고 해서 가만히 앉아서 수동적으로 신념만 유지하면 ALL을 극복하고 살아남은 환자들 30%의 대열에 합류할 수 있다고 생각한 건 아니었다. 나는 30%를 100%로 바꾸기 위해 두려움을 인정한 뒤 무슨 일이 있어도 오랫동안 건강하게 살 것이며, 다른 선택은 없다고 의식적으로 확고한 신념을 유지했다. 또한 살아남기 위해서 남다른 노력을 기울이고 필요한 일은 무엇이든 다 하겠다고 다짐했다. 나는 확고한 신념을 동원해서 내 앞에 놓인 가능성에 집중했다. 그 가능성에는 죽음만 있는 건 아니었다. 나는 확률에 얽매이지 않을 작정이었다. 이 암을 극복할 뿐만 아니라 온 힘을 다해서 100세까지 살기로 했다. 가족들과 함께 내 100번째 생일을 축하하는 장면을 상상했다. 내 딸(당시 초등학교 1학년)은 70세일 테고 아들(당시 유치원생)은 67세일 것이다. 내 마음속에는 한마디로 '다른 선택은 없다'는 생각뿐이었다. 하지만 거기까지 가는 과정을 알아내는 건 그렇게 단순한 일은 아니었다.

당시 무엇보다 의사가 추천하는 hyper-CVAD 화학 요법을 받을지 결정하는 문제가 가장 큰 고민거리였다. 나는 최대한 모든 걸 자연적으로 한다는 철칙을 지키고 있었다. 화학 요법에 쓰이는 약물이 사람을 죽이기 전에 암을 먼저 죽이길 바라면서 내 몸에 주입하는 건, 그때까지 내가 지켜온 모든 건강 철학을 어기는 행동이었다.

또한 hyper-CVAD 화학 요법은 현존하는 화학 요법 가운데 가장 강력하다. 화학 요법에 사용되는 약물과 요법은 다양하지만 보통 암 환자들은 한 달에 한두 번, 한두 시간 정도 치료를 받는다. 그 횟수만으로도 대부분의 환자가 심한 부작용에 시달린다.

한편 hyper-CVAD는 화학 요법 약물 네댓 가지를 두 가지 조합으로 구성하여(A코스와 B코스) 4~5일에 한 번씩 번갈아 투입하며, 입원 환자의 항암 치료에 총 650시간이 소요된다. 아주 독한 화학 요법이라서 혈관이 영구적으로 손상될 가능성이 있고, 말초 삽입형 중심 정맥 카데터PICC―팔에 삽입하는 관으로, 혈관 내부에 삽입하여 좀 더 튼튼한 동맥에 항암 약물을 퍼뜨린다―로 관리해야 한다. hyper-CVAD 요법에서는 부작용을 최소화하기 위해 약물을 소량만 투여한다. 또한 다양한 약물을 투여하는 과정에서 생명을 위협할 만큼 심각한 부작용과 합병증이 발생하므로 병원 내에서 의학 전문가들에게 철저히 관리받아야 한다. 사실 내가 먹어야 하는 약에 심각한 부작용이 수없이 존재하고, 그중 하나가 백혈병이라는 걸 발견하고 얼마나 절망했는지 모른다. 급성 림프 구성 백혈병을 치료하려고 약을 혈관에 주입하는데, 소위 약이라 는 게 백혈병의 원인이 된다니 말이 되는가?

이 치료의 목표는 최대한 짧은 시간 내에 가능한 만큼(혹은 필 요한 만큼) 잦은 주기로 약을 투여해 내가 죽기 전에 암세포를 먼 저 죽이는 것이었다. 의사들은 각 주기의 시기는 내 몸이 이전 주 기에서 얼마나 잘 회복하느냐에 달려 있다고 말했다. 달리 말하면 항암 치료가 내 몸을 망친 정도에 따라 다음 치료 시기가 결정되 는 것이다.

일반적인 항암 치료가 몸에 큰 피해를 준다고 하면—모든 항 암 치료가 그렇다—이 항암 치료는 몸을 구석구석 쑥대밭으로 만 들어버린다. 실제로 암이 아니라 이 치료 때문에 죽는 사람들도 있 다. 살기 위해 약을 먹는데 그 과정에서 죽을지도 모른다고 생각하 면 참 환장할 노릇이다. 이 치료가 암을 먼저 죽이기를, 환자의 몸 은 그동안 죽지 않고 살아남을 만큼 강하기만을 바랄 뿐이다.

내가 이 결정을 하면서 정신적으로 얼마나 힘들었을지 상상이 가리라고 생각한다. 이 요법 자체가 생명에 위험하다. 목숨을 구해 주길 바라는 치료 때문에 죽게 될까? 무엇보다 나는 내 몸에 어떤 독소도 들이면 안 된다고 굳게 믿던 사람이었다. 이 요법은 내 존 재 방식 자체와 반대되는 것이었다. 더 좋은 방법을 찾아야 한다고 생각할 수밖에 없었다.

나는 곧 MD 앤더슨 암센터에 근무하는 세계 일류의 백혈병 종양학자 일라이어스 자보르 박사^{Dr. Elias Jabbour}에게 배정됐다. 그의 사무실에서 처음 만나던 날, 나는 혼란과 슬픔을 느끼며 아내 어설라와 함께 앉아 있었다. 아내와 나는 손을 잡고 우려를 표시하며, 자연 요법으로 암을 치료할 수 있게 도와줄 수는 없냐고 질문했다.

자보르 박사의 대답은 내 허를 찔렀다. 암을 자연적으로 치료하고 싶은 마음은 충분히 이해하지만, ALL은 그런 방법이 통하는 암이 아니라는 것이었다. 내 암은 천천히 자라는 암이 아니며, 몇 주 전에는 건강했다가 이제 폐와 심장, 신장이 망가지기 직전이라는 점을 지적했다. 그는 hyper-CVAD 요법을 빨리 실시하지 않으면 며칠, 적어도 일주일 내에 죽을 수 있다고 장담했다. 어설라는 절망한 나머지 울음을 터뜨렸고 내가 움찔 놀랄 정도로 내 손을 세게 쥐었다.

종양학자의 대답이 물론 마음에 들진 않았지만, 그의 동기가 궁금해졌다. 처음 만난 사람이라서 진심을 파악할 수가 없었다. 겁을 주려는 전략일까? 의구심이 들었다. 내 안의 회의주의자가 고개를 들었다. 나는 상의를 해보고 24시간 이내에 결정해도 되겠냐고 물었다. 자보르 박사는 마지못해 승낙했다.

그날 밤, 어설라와 나는 조금이라도 확실히 알고 싶어서 샅샅이 구글을 뒤졌다. 전체론적 의학의 입장에서 접근해도 된다는 증거를 필사적으로 찾았지만, 없었다. 우리가 찾아낸 자료는 전부 자보르 박사의 말이 전적으로 옳다는 사실을 뒷받침할 뿐이었다. 항암 치료를 당장 시작하지 않으면 생존 확률은 거의 없다. 그리고 시작했을 때 생존율은 10%에서 30% 사이다.

다음 날 아침, 마지막 기회라고 생각하고 전체론적 치료를 전문으로 하는 세계 일류의 암 전문의 사무실에 전화를 걸었다. 마침 사무실이 휴스턴에 있었다. 그는 유명 인사인 수잰 서머스Suzanne Somers 등 수천 명의 환자를 치료한 경험이 있다. 나는 희망을 걸었다.

전화를 받은 간호사에게 NUP1 변이를 하는 급성 림프구성 백혈병이라고 말하자, 간호사는 잠시 기다리라고 하고 의사에게 그 진단을 전달했다. 잠시 후 간호사는 미안하다며, 그 종류의 암은 치료한 경험이 없어서 도와줄 수 없다고 했다.

내가 무슨 생각을 했는지 짐작이 가리라고 생각한다. 세계 일류의 전체론적 암 전문의도 날 도와주지 못하고, 무슨 글을 읽어봐도 hyper-CVAD 치료를 받지 않으면 며칠 내로 사망할 수 있다고 말한다. 하지만 hyper-CVAD의 수많은 부작용 중 하나가 백혈병이라는데, 도대체 난 어떻게 해야 하나? 확실한 답은 존재하지 않았다. 아이들이 있는 집에서 270킬로미터 떨어진 호텔 방에 누워서 어설라와 나는 그 치료를 받기로 어렵게 결정했다. 나는 자보르 박사의 사무실에 전화했고, 한 시간 후 병원에 누워서 PICC

를 팔에 삽입했다.

앞으로 수없이 많은 기도를 하겠지만, 제일 처음 했던 기도는 순수한 호기심에서 나왔다. '하나님, 전 이미 죽은 적이 있습니다. 왜 이런 일이 제게 일어나는 거죠? 이렇게 커다란 고난에 또 마주쳐서 무엇을 더 배우라는 겁니까?'

앞으로 알게 되겠지만 아주 많이 배울 수 있었다.

확고한 신념은 남다른 노력을 키운다

■■■■■■　　그로부터 12개월 동안 내가 시간을 보낸 장소는 세 곳이었다. MD 앤더슨 암센터가 있는 병원, 치료 후 회복하려고 빌린 근처 아파트, 가족과 함께하려고 가끔 들른 원래 집이다. 가족 얘기가 나와서 말이지만 온 가족이 내 치료에 매달렸다. 성공한 경영자였던 아버지는 회사 일을 중단하고 모든 걸 제쳐둔 채 내가 있는 곳으로 이사를 와서 돌봐주셨다. 나를 병원에 데려가고 화학 요법이 끝나면 내 옆을 지키고, 체온이 올라갈 때마다 응급실에 데려가셨다(항암 치료를 받는 동안 면역 체계가 약해지기 때문에 감염이 되면 치명적이다). 어머니와 여동생은 멀리서 찾아와서 병원에 함께 있거나, 아내가 내 옆에 있을 수 있게 아이들을 돌봐줬다. 그 모든 와중에 어설라는 내 버팀목이 되어줬고, 가장 힘든 일을 해줬다. 아내는 휴스턴까지 차를 몰고 와서 내가 치료를 받는 동안 옆에

있어주고, 270킬로미터 떨어진 집에서는 아이들을 위해 정상적인 생활을 하려고 노력하며 균형을 잡으려 했다. 집에서 나와 함께 아이들을 기르던 아내는 말 그대로 하룻밤 사이에 실질적인 한 부모가 됐고, 나를 잃을지도 모른다는 스트레스와 두려움도 짊어져야 했다. 우리 가족들에게, 특히 어설라에게 내가 얼마나 고마워하는지 말로는 다 표현할 수 없을 것 같다.

이 힘든 시간 내 정신을 붙들어준 것은 확고한 신념을 유지하겠다는 결심이었다. 낮은 생존 확률을 통보받고 이렇게 불리한 상황이 놓인다면, 가장 먼저 신념부터 창밖으로 던져버리기 쉽다. 우리는 어떤 통계나 확률을 마주하든, 의식적으로 확고한 신념을 유지하겠다고 결심해야 한다. 이 결심을 유지하면 통계로부터 자유로워지고, 끊임없이 확률을 거슬렀던 사람들 편으로 합류할 수 있다. 사람들 대부분의 생각과는 반대로 신념을 지키는 일은 다른 사람의 믿음이나 가르침을 무조건 따른다는 의미에만 제한되지는 않는다. 그보다는 자신을 믿으며, 이상적인 결과를 만들어내기 위해 남다른 노력을 기울이고 필요한 일은 무엇이든 하겠다는 뜻이다.

그래서 나는 전체론적 방법을 도입했다. 자보르 박사와 MD 앤더슨 암센터에서 최신 치료를 받는 한편, 가장 효과적이고 증명된 전체론적 치료법도 따로 조사했다. 내 몸을 해독하고(항암 치료로부터) 면역 체계를 강화하고, 암이 퍼져나갈 수 없는 환경을 만들려고 했다. 이를 위해 기본적으로 채식 위주로 식단을 짰고, 신선한 유기농 채소 주스를 마셨고, 매일 천연 보충제를 70종 이상 복용했다. 그리고 매주 침을 맞고 오존 사우나를 했으며 커피 관장을 했다. 미세 혈류 순환을 개선해준다는 베머^{BEMER} 매트라는 기구를 하루에 두 번 사용했고, CBD 오일을 복용했다. 그리고 명상, 기도, 운동, 암과 관련된 확언을 암송했고, 그 밖에도 많은 일을 했다. 암을 연구하고 그에 따라 전체론적 방법을 실천했던 과정이 내 남다른 노력이었다.

◉ 현실 속 확고한 신념 사례

얼마 전에 이 책을 구상하면서, 미라클 모닝 커뮤니티(페이스북)에 기적의 공식과 관련해서 자신의 이야기를 공유하고 싶은 사람이 있느냐고 질문했다. 감동적인 이야기가 많이 올라왔지만 특히 눈에 띈 이야기가 있었다. 특히 이 이야기에 끌린 이유는 내가 암을 극복한 과정과 아주 비슷했기 때문이었다. 기적의 공식이 모든 이에게 효과가 있다는 것을 보여주는 사례였다.

레이철 해리스^{Rachel Harris}는 처음 암 진단을 받았을 때 기적의 공식을 접했다. 서른여덟 살에 대장암이 간과 림프샘에 전이됐고 의사들은 수술이 불가능하다고 말했다. 레이철은 고통 완화용 항암 치료를 받았다. 두 아이를 둔 엄마였던 레이철은 이 진단을 거부하고 삶에 기적의 공식을 적용하기로 했다. 레이철에 따르면 "우리는 기적의 공식과 함께 살아 숨 쉰다."

그리고 기적이 일어났다. 의사들의 암울한 예측에도 불구하고, 첫 치료를 마친 후 레이철의 암세포가 줄어들었고 갑자기 수술이 가능해졌다. 레이철은 계속해서 오랫동안 행복하게 살겠다는 확고한 신념으로 식단을 바꾸고, 많은 보충제를 먹고, 매일 명상하고 체력을 관리했다. 그리고 어떻게 하면 몸이 회복될지 최대한 연구하며 남다른 노력을 기울였다. 레이철은 이렇게 말했다. "기적의 공식은 제가 암을 극복하는 여정의 방향을 정해줬어요. 난 항상 그걸 기준으로 살 거예요. 이 공식은 내 삶을 구했어요!"

인생을 통틀어 가장 어렵고 고통스럽고, 속이 비틀어지는 기간을 견딘 후—650시간 동안 항암 치료를 받고, 수많은 밤을 응급실에서 지새우며 생존을 위해 싸우면서—최근 새로운 진단서를 받았다. 이 사실을 말할 수 있어서 얼마나 감사한지 모른다. 이제 내겐 '암세포가 없는 것으로 보인다'고 한다. 즉 의사들이 내 몸에서 암을 발견하지 못했다는 뜻이다. 물론 아주 고통스러운 부작용을 견뎌야 했다. 아내와 아이들을 떠나야 할지도 모른다는 죽음의 공포와 싸웠다. 그리고 스스로 의심하고, 포기하고 싶은 날들이 많았다. 하지만 모든 과정에서 확고한 신념을 적극적으로 유지한 덕분에 다른 사람들보다 훨씬 잘 견딜 수 있었다고 믿는다. 심지어 의사들도 그 끔찍한 치료 과정을 겪으면서도 긍정적이고 활기찬 나를 보고 충격을 받았다고 한다.

가장 중요한 건 난 이렇게 살아남았고, 이제 내 가족들과 함께 오랫동안 행복하게 살겠다는 다짐을 지킬 수 있다는 사실이다.

확고한 신념을 어디서 찾을 것인가

최근 기적의 공식을 이용해서 가시적이고 측정 가능한 기적(암 극복)을 일으킨 경험을 돌이켜보면, 예전에 이 공식을 많이 사용했기 때문에 유리했다고 보는 게 맞을 것 같다. 다른 사람들이 공식을 사용하는 모습을 지켜보기도 했다. 나는 공식이 어떻게 작용하는지 이해하고, 더 중요하게는 효과가 있다는 사실을 알고 있다. 그 덕분에 포기하지 않았고 내면의 확고한 신념을 끌어낼 수 있었다. 당신이 그 정도 경지는 아니라고 해도 걱정할 필요는 없다. 확고한 신념을 빌려올 곳이 많기 때문이다.

〈미라클 모닝〉 다큐멘터리를 봤다면 리스터 라테모^{Rister Ratemo}를 기억할 것이다. 리스터는 열네 살 때 시력이 나빠지기 시작했지만, 신이 눈을 낫게 해주고 다시 볼 수 있게 해주리라는 확고한 신념을 가졌다. 리스터는 신념으로 남다른 노력에 불을 붙였고 고향인 케냐에서 미국 병원까지 지구를 반 바퀴 돌아서 첫 수술을 받았다. 수술은 총 6회였다. 리스터의 노력이 남달랐던 이유는 거의 시력을 잃은 상태로 혼자 미국으로 떠났기 때문이다. 케냐 문화에서는 다른 사람의 신체 일부를 이식받는 일이 금기인데, 리스터는 각막 이식을 받아야 했다. 그녀는 신과 종교에서 신념을 찾았다. 종교나 영성에서 편안함을 느낀다면 이를 활용해서 확고한 신념을 유지할 수 있다.

종교와 영성은 확고한 신념을 얻을 수 있는 외부적인 원천이다. 하지만 그 외에도 여러 가지가 있다. 코치나 멘토가 좋은 원천이 되기도 한다. 나는 이를 영화 〈매트릭스〉에 자주 비교한다. 로런스 피시번^{Laurence Fishburne}이 연기한 캐릭터 모피어스가 키아누 리브스^{Keanu Reeves}의 캐릭터 네오에게, 계속해서 네오가 '그'라고 말했던 것을 기억하는가? 네오 역시 스스로 '그'라는 사실을 믿었을 때 비로소 자신의 잠재력을 100% 활용할 수 있었다. 마찬가지로 당신이 바로 그 사람이라는 사실—지구상의 다른 누구 못지않게 자격과 가치, 능력이 있는 사람이라는 사실—을 믿을 때 무한한 잠재력을 100% 활용할 수 있다.

나 역시 스스로 신념을 갖추기 전에는 컷코에서 내 첫 담당자였던 제시 러빈(5분의 법칙을 알려줬던 그 제시 러빈)에게서 신념을 빌려왔다. 제시는 내가 컷코에 존재하는 다양한 판매 기록을 깰 수 있다고 믿었다. 우리가 처음 만났을 때부터 제시는 예전에 한 번도 이뤄지지 않았던 기록들을 내가 성취할 수 있다고 믿었다.

처음에는 그런 말을 들으니 기분이 좋긴 했지만, 그 말이 맞는다고는 생각하지 않았다. 평생 나와 함께했던 불안과 자기 의심은 내 무한한 잠재력에 대해 내부적으로 갈등하게 했다. '제시는 내가 무엇이든 할 수 있다고 생각하지만, 내가 속으로 실패할까 봐 두려워한다는 사실은 모를 거야.' 하지만 나에 대한 제시의 신념이 확고하다는 것을 느끼면서, 결국 제시가 한 말이 진짜일지도 모른다는 생각이 들었다. '어쩌면 난 정말 마음만 먹으면 무엇이든 할 수 있을지도 몰라.' 결국 나에 대한 제시의 신념은 내 신념이 됐고, 그때 나는 특별한 삶을 창조할 타고난 능력을 발견했다. 가끔은 내면에 존재하는 신념을 발휘할 수 있을 때까지 다른 사람에게서 이를 빌려와야 할 때도 있다.

지금 당장 도움을 받을 수 있는 멘토가 없어서 걱정이라면 전혀 모르는 사람으로부터 확고한 신념을 빌려올 수 있으니 걱정하지 않아도 된다. 당신이 멀리서 바라봤던 사람도 괜찮다. 세계 선수권 대회에서 우승했거나 마이클 펠프스처럼 올림픽에서 많은 금메달을 딴 운동선수일 수도 있다. 당신이 이루고 싶은 결과를 이미 달성한 기업 CEO나 자수성가한 백만장자도 좋다. 그들이 쓴 책을 읽거나 발전해온 삶의 궤적을 더듬어보거나 언론 인터뷰를 들으면서 마음가짐이나 사고방식을 연구할 수도 있다.

"나는 이 순간을 수천 번 마음속에 그려왔어요."

"우리가 승리할 거란 사실을 의심한 적 없어요."

"아주 열심히 노력했기 때문에 최고가 안 될 수가 없었어요."

아무도 보지 않는 성공의 이면에서 이 승리자들―기적 전문가들―이 확고한 신념을 키웠다는 사실을 깨달을 수 있을 것이다. 확고한 신념은 그들의 승리를 가능하게 했던 마음가짐이다. 그들은 늘 다음 기회를 시도할 준비가 돼 있었다. 성공하리라는 믿음을 지녔기 때문이다. 실패하더라도 다음번에는 할 수 있으리라 믿었으므로 신념은 흔들리지 않았다. 그들은 기회 앞에서 절대로 도망치지 않았다. 돌진했을 뿐이다.

나는 레지 밀러^{Reggie Miller}가 뉴욕 닉스팀에 맞서 펼쳤던 경이로운 복귀전을 잊지 못한다. 그는 1994년 NBA 동부 콘퍼런스 준결승전에서 기적의 공식을 이용하여 9초 만에 8점을 득점했다. 불가능에 가까운 일이었다. 가능해 보이지도 않았고 있음직한 일도 절대 아니었다. 그런 위업을 달성한 선수는 예전에도 그 후에도 존재하지 않는다. 레지는 가능한 마지막 순간까지 확고한 신념을 유지하고 남다른 노력을 기울인 또 하나의 사례다. 그는 한계에 도전할 수 있다고 믿었고 실행에 옮겼다. 확고한 신념은 당신의 내면에 잠자고 있는 잠재력을 해제하고, 한때 불가능하다고 느꼈던 새로운 가능성을 열어준다.

확고한 신념을 지닌 사람을 찾기가 힘들다면, 당신이 읽고 있는 책의 저자에게서 빌리는 방법도 고려하라(물론 이 책부터 시작해도 좋다). 나는 내가 읽는 모든 책의 저자들을 내 멘토라고 생각한다. 우리가 만나서 얼굴을 맞댄 적은 없지만, 그래도 나는 그 사람에게서 교훈을 얻고 있다.

보편적인 진리를 항상 잊지 말자. 당신이 원하는 바를 다른 사람이 성취했다면, 당신도 그렇게 할 수 있다는 증거이다. 전 세계 각계각층에서 크게 성공을 거둔 사람들이 확고한 신념을 지니고 살겠다고 일부러 선택했다면 당신도 똑같이 할 수 있다. 그리고 지금 시작하면 된다.

확고한 신념을 유지하는 도구

━━━━ 확고한 신념이라는 렌즈를 통해 목표를 바라보기로 결심했다면 그 결심을 유지해야 한다. 말은 쉽지만 행동은 쉽지 않다. 작은 장애물을 만나도 길을 벗어나기 쉽다. 생사를 오가는 상황에 부딪혀야만 절망하는 건 아니다. 누구나 가진 작은 의심은 사소한 일이 생길 때마다 매번 강해져서 우리가 가려는 길을 가로막을 수 있다. 나는 항암 치료를 받으면서 몸이 힘들 때마다 약해지는 느

낌이 들었고, 포기하고 싶은 유혹에 시달렸다. 하지만 그러지 않았다.

내 목표와 확고한 신념에 집중할 수 있게 항상 사용했던 도구가 있다. 나는 이 도구에 기적의 만트라라는 이름을 붙였다. 2장에서 소개했던 확언을 기억하는가?

'프로모션 기간에 2만 달러의 판매 실적을 달성한다는 확고한 신념을 지키고, 다른 선택은 고려하지 않고 무슨 일이 있어도 목표를 이룰 때까지 남다른 노력을 기울일 것이다.'

나는 일이 잘 풀리지 않거나 포기하고 싶을 때도 이 문장 덕분에 계속 전진할 수 있었다. 당신도 가능하다. 기적의 만트라는 사명을 한 문장으로 요약한 것으로, 오랫동안 확고한 신념을 유지하고 남다른 노력을 기울이면 기적이 일어난다는 사실을 떠올리게 해준다.

나는 항암 치료를 받으면서 기적의 만트라를 수없이 반복했다.

'나는 암을 극복하고 가족들과 함께 오랫동안 건강하게 산다는 확고한 신념을 지키는 데 전념하고, 그것이 이뤄질 때까지 무슨 일이 있어도 남다른 노력을 기울일 것이다. 다른 선택은 없다.'

특히 포기하고 싶을 때 이 만트라를 외우면, 계속 맞서 싸우면서 남다른 노력을 기울이겠다는 다짐을 강화할 수 있다.

여기 기적의 만트라를 쓰는 템플릿을 소개한다.

'나는 ＿＿＿＿＿＿＿＿＿＿＿＿＿＿ 한다(사명 삽입)는 확고한 신념을 지킬 것이며, 다른 선택은 고려하지 않고 무슨 일이

있어도 그것을 이룰 때까지 남다른 노력을 기울일 것이다.'

이제 잠시 시간을 들여서 첫 기적의 만트라를 적어보자.

기적의 만트라는 당신을 인도하는 나침반과 같다. 말하자면 북극성인 셈이다. 그리고 알람이라고 할 수 있다. 결심한 바에 계속 집중하고, 고집 세게 반복되는 의심의 목소리를 무시할 수 있게 해준다. 당신의 의지를 크게 공언하는 확성기라고 생각하라. 이 만트라는 사명을 최우선으로 내세우고 당신에게 끊임없이 상기시켜준다. 무슨 일이 있어도 온 힘을 다해 노력할 것이다. 다른 선택은 없다.

이제 기적 전문가의 마음가짐을 굳게 하고 유지하는 법을 알았으니, 다음 장에서는 기적의 공식의 나머지 반에 해당하는 남다른 노력에 대해 살펴볼 것이다. 기적을 일으킬 수 있다는 믿음을 실제로 가시적인 현실로 만들려면 무엇이 필요한지 알아보자.

8장

두 번째 결심:
남다른 노력

◇◇◇◇◇◇◇◇

기적의
공식을
발견하다

모든 인간사에는 노력과 그에 따른 결과가 있고,
결과를 보면 얼마나 노력했는지 알 수 있다.

_ **제임스 앨런**James Allen

독자는 어떨지 모르지만, 난 항상 스스로 정말 게으른 인간이라고 생각했다. 어릴 때부터 힘들게 일하는 건 질색이었고, 무엇이든 '힘든 일'이 동반되면 피하려고 했다. 명절에 대가족 모임이 끝나고 나서 다 함께 어질러진 집을 정리할 때, 난 정리가 끝날 때까지 내 방에 숨어서 나오지 않았던 기억이 생생하다. 그리 힘들지 않더라도 일을 해야 하면 항상 사라져서 나타나지 않았다.

학교 과제나 심부름, 초등학교 때 처음 했던 아르바이트 등 무슨 일이든 외출 금지나 해고 같은 심각한 결과만 피할 수 있게 최소한으로 노력하는 습관이 생겼다. 그렇게 게으름은 내 정체성에 깊이 뿌리박혔다.

나이가 들어 속임수나 요령을 발휘하면 상대적으로 일이 쉬워지고 그리 힘들이지 않아도 된다는 사실을 깨달았다. 나는 그렇게 장난을 치거나, 이것저것 시도하며 머리를 식히거나 여동생에게 일을 미뤘다. 가끔 용기를 끌어내서 좀 더 거창한 일을 시도하기도 했지만, 항상 단기간에 그쳤고 스스로 의지가 굳은 사람으로 자신할 만큼 오래 노력한 적은 없다. 그리고 그게 가장 큰 문제였다. 과거의 내 모습과 비교해서 지금 내가 더 나은 사람이라고 보기 힘들었기 때문이다.

심지어 판매 기록을 깨려고 일주일에 60시간이 넘게 일할 때도(19세), 《미라클 모닝》을 쓰려고 매일 새벽 3시 반에 일어날 때도(28세), 첫(그리고 마지막) 울트라 마라톤 훈련을 하면서 일주일에 32킬로미터가 넘게 뛸 때도(30세), 나는 나 자신에 대해 게으르고 잠깐 열심히 하는 척 속임수를 쓰는 사람이라는 왜곡된 이미지를 갖고 있었다. 무엇을 하든 스스로 예전과 똑같은 게으른 아이로만 바라봤다. 이런 인식은 진정한 잠재 이형증이라고 볼 수 있다. 나는 짧은 기간 폭발적으로 활동하고 나면, 어렸을 때처럼 부정적인 결과의 고통을 피할 정도로만 최소한으로 노력하는 버릇으로 돌아갔다. 꾸준하지 않은 성격만 유일하게 꾸준했던 셈이다.

하지만 놀랍게도 이런 요령과 속임수는 그때는 물론 지금도 커다란 가치를 지니고 있었다. 내가 게으르다고 해도, 중요한 결과를 스스로 만들었고 불가능할 것 같던 성공을 이룰 수 있다는 사실을 깨달았기 때문이다. 비록 짧은 시간이라고 해도 속임수를 써서 자신을 채찍질하면 시간이 갈수록 게으른 사람에서 절제할 줄 아는 사람으로 바뀌었다. 천천히, 하지만 분명히 내 정체성이 개선됐고 결과가 발전하는 것은 물론 일관성도 생기기 시작했다.

스스로 게으르다고 선언한 사람이 어떻게 해서 남다른 노력을 계속하고 기적을 일으킬 만큼 절제력을 발휘하고 열심히 일할 수 있었을까? 단순히 특별히 노력했다고만 하면 그리 남다르게 느껴지지 않는다.

이번 장에서는 모든 일에 남다른 노력을 기울인다는 게 무슨 뜻인지 쉽게 소개하고, 내키지 않을 때도 꾸준히 실행에 옮기는 법을 정확히 설명하고자 한다. 그 결과 기적의 공식이 작용하고, 삶의 모든 분야에서 기적을 경험할 수 있다.

남다른 노력을 일상적인 행위로

■■■■■■■ 앞서 논의한 대로 남다른 노력은 기적의 공식을 실현하기 위해 두 번째로 필요한 결심이다. 그 목표가 단순히 가능한 게 아니라 당신에게 가능하다고 믿게 되면, 성공을 필연으로 만들기 위해 필요한 행동을 해야 한다. 기적을 일으키려면 적극적인 참여와 꾸준한 노력이 필요하다. 자신을 바라보는 시각을 바꿔줄 의

미 있는 결과를 창조하려면 그에 걸맞은 시간과 노력을 쏟아야 한다. 하지만 당신이 이 책을 덮어버리기 전에 남다른 노력을 기울인다고 해서 뼈를 갈아가며 모든 에너지를 소진할 때까지 일해야 한다는 뜻이 아니라는 점을 먼저 설명하고 싶다. 사실 그 반대에 가깝다.

남다른 노력에는 세 가지 요소가 있다.

- 이상적인 결과와 가까워질 수 있는 행위
- 안전지대에서 당신을 끌어낼 확률이 가장 높은 행위
- 오랫동안 꾸준하게 기울이는 노력(그 과정에서 얻는 결과와 상관없이)

생각보다 덜 힘들어 보이지 않는가? 이제 세 요소를 각각 살펴보자.

이상적인 결과와 가까워질 수 있는 행위는 정말 중요한 일에 집중하지 못하고 바쁘기만 하며, 단기적이거나 최소한의 효과만 낼 뿐 별다른 목적이 없는 활동에 시간을 낭비하다가 지치지 않게 해주는 행위이다. 정신을 집중해서 생산적인 행위를 해야 한다는 뜻이다. 그러면 기진맥진하지 않고 오히려 활력을 얻을 수 있다. 이런 행위는 측정이 가능해야 하며, 의미 있는 일이어야 한다. 이번 장에서 더욱 자세히 다룰 예정이다.

안전지대에서 당신을 끌어낼 확률이 가장 높은 행위에는 성장할 기회가 존재한다. 항상 하던 일만 계속하면 절대로 기적 전문가가 될 수 없다. 자신만의 안전지대에서 빠져나오는 건 처음에는 항상 불안하지만, 시간이 지나면 새로운 표준이 되고 생산성과 노력의 기준이 될 것이다.

오랜 기간 동안 꾸준하게 기울이는 노력(그 과정에서 얻는 결과와 상관없이)은 모든 요소를 한데 뭉치게 하는 접착제 역할을 한다. 발을 몇 걸음만 뗐다가 그만두면 아무 성과도 얻을 수 없다. 어떤 일을 끝까지 해내려면 오랫동안 변함없이 전념해야 한다. 일관성이 일을 더 쉽게 만드는 셈이다. 안전지대에서 벗어나야 한다는 조언을 기억하는가? 안전지대를 나온 다음 몇 주만 지나면 더는 그리 불편하게 느껴지지 않는다. 안전지대를 확장하면서 당신의 가능성도 확장할 수 있다.

〈뉴욕 타임스〉가 선정한 베스트셀러《인생에 승부를 걸 시간》의 공동 저자이자《미라클 모닝 밀리어네어: 부자들만 아는 6가지 기적의 아침 습관》의 공동 저자인 데이비드 오스본^{David Osborn}은 오늘날 부는 단순히 선택에 불과한 문제라는 말을 자주 한다. 부유한 사람들을 연구하고 그들의 마음가짐을 적용하며(신념), 오랫동안 그들의 행동을 따라 하면(노력), 당신도 같은 결과를 경험할 수 있을 것이다. 물론 '부'는 당신이 원하거나 중요하게 생각하는 다른 목표(행복, 건강, 훌륭한 부모)로 바꿔도 된다.

나는 이 말이 대부분의 사람에게 적용된다고 믿는다. 이 말이 진실이라면 왜 모두가 부자가 되지 않았을까? 남다른 부를 창조하려면 남다른 노력이 필요하지만, 다른 시도를 하기보다는 하던 일을 그대로 하기가 더 쉽기 때문이다. 스스로 부지런하고 절제력 있는 사람이라고 생각하든 그렇지 않든, 우리는 대부분 원하는 결과를 얻기 위해 되도록 적게 노력하려고 한다. 어떻게 노력해야 원하는 결과가 나올지 알아낼 수 있다면 그렇게 해도 괜찮다. 어떤 노력이 원하는 결과를 창조하고 남다른 노력을 일상적 행위로 만들어줄 것인지, 이를 어떻게 파악할 수 있는지 자세히 살펴보자.

◈ 1단계: 프로세스를 미리 결정한다

더욱 유능한 사람으로 진화한다는 기본 목표와 함께 한 가지 사명을 결정하고, 이를 달성하겠다는 확고한 신념을 유지하기로 다짐했다면 이제 프로세스를 결정해야 한다. 프로세스는 우리가 성취하고 싶어 하는 모든 목표와 결과를 현실로 만든다. 즉, 원하는 결과를 창출하고 궁극적으로는 그런 결과가 창조하는 삶을 살아가기 위해 필요한 구체적인 행위를 말한다.

매일 다른 일을 하기 전에 제일 먼저 무슨 일을 할 것인가? 무엇을 해야 할지 잘 모르겠다면 먼저 조사를 해보자. 당신이 추진하는 것과 비슷한 목표를 성취하는 단계를 구글에 검색해보거나, 아마존에서 해당 카테고리의 베스트셀러를 찾아보면 된다. 그 프로세스가 무엇인지 조사하는 게 프로세스의 첫 단계가 되어도 좋다.

컷코에서 일하면서 20만 달러의 판매 기록을 세우겠다고 결심한 뒤, 나는 제일 먼저 그 목표를 달성했던 동료들에게 전화했다. 그렇게 높은 목표를 실제로 달성하기 위해 매일, 매주 어떤 일을 했는지는 물론이고 정신적·감정적으로 무엇을 고려해야 할지 질문 리스트를 만들었다. 그들이 어떤 과정을 거쳐 그렇게 성공할 수 있었는지 이해하고 싶었다.

동료들을 모두 인터뷰하고 나서 나는 한 가지 공통점을 깨달았다. 바로 일관성이었다. 당시 내가 하고 있던 일과 특별히 다른 일을 하는 건 아니었다. 그들에게 특별한 재능이나 판매 요령이 있진 않았다. 그저 판매 목표를 바탕으로 정해진 만큼 전화를 돌리고 정해진 수만큼 약속을 잡는 과정에 충실했을 뿐이었다. 모든 영업사원이 마찬가지였다. 고성과자들이 남들과 다른 점은 변함없이 매일 정해진 수만큼 전화하고 정해진 미팅을 했다는 것이었다. 나는 전력으로 질주해서 충분히 돈을 벌고 나면 휴식 시간을 내서 내 노동의 결실을 즐기지만, 이 사람들은 무슨 일이 있어도 하던 일을 계속하며 정해진 프로세스를 매일 실천했다. '평범한 사람들은 가끔 하는 일을 성공한 사람은 습관으로 만든다'라는 말이 갑자기 절실하게 와닿았다.

그들의 화려하지 않은 성공 비결을 깨달은 다음, 이제 내가 할 일은 따라 하는 것뿐이었다. 나는 판매 목표를 달성하려면 몇 번이나 미팅을 해야 하는지, 그만큼 미팅을 하려면 얼마나 전화를 돌려야 하는지 계산해서 나만의 프로세스를 정했다. 컷코에서 1년에 20만 달러 이상의 실적을 올리려면 매주 최소한 전화 200통을 돌리고(하루에 40통 곱하기 5일) 평균 미팅을 14회 잡아야 한다. 그러면 매주 평균 10건을 판매해서 대략 4,000달러의 매출을 올릴 수 있다.

하루에 전화 40통 하기는 그리 힘들지 않았다. 예전에도 하루에 40통씩 전화를 한 적이 여러 번 있었다. 10만 달러를 달성했던 지난 2년 동안 전화를 돌린 횟수는 일주일에 5일, 하루 평균 20회를 약간 넘는 수준이었다. 그러니 계산이 몹시 어렵지는 않았다. 전화를 두 배 하고, 판매량을 두 배로 늘리면 수입이 두 배로 늘어난다. 영업 전화를 40통 하려면 약 두 시간이 걸렸고, 그다음에는 내가 잡은 미팅에 나가기만 하면 됐다. 그동안 두려움을 느꼈고 50년이 넘는 회사 역사상 소수의 사람만 달성한 그 위협적인 목표가 갑자기 쉬워 보였다.

이것이야말로 프로세스를 미리 정하고 남다른 노력이 일상적인 행위가 됐을 때 얻을 수 있는 힘이다. 중요한 목표는 거창하고 두렵게 느껴질 때가 많지만, 프로세스는 대부분 그렇지 않다. 다른 사례를 살펴보자.

- 원치 않는 살을 빼려면 먼저 운동을 하고 칼로리 섭취량을 관리해야 한다(그리고 어떤 음식이 언제 몸에 제일 좋은 영향을 주는지 파악하는 것도 좋다).
- 경제적으로 자유를 얻고 싶으면, 갚아야 하는 청구서 대금보다 훨씬 많은 돈을 벌고 저축하는 프로세스에 전념해야 한다.
- 마라톤을 완주하고 싶으면, 하루에 42킬로미터를 넘게 달리는 경기 당일 이전에 사전 훈련 계획을 세워야 한다. 보통 마라톤을 하기 전에 매일 또는 매주 특정 거리를 달린다.
- 책을 출간하고 싶으면 꾸준히 글을 써야 한다. 나는 이 책을 완성하기 위해 내키든 내키지 않든 매일 1,000단어씩 쓰는 데 전념했다(확실히 말해두지만, 항상 내켰던 것은 아니었다).

보다시피 프로세스를 정하려고 복잡한 계획을 세울 필요는 없다. 간단할수록 좋다. 사명을 달성하는 작업을 지속하게 해줄 프로세스를 결정하고, 일정표에 배정하고, 전념하면 된다. 더도 덜도 아니고 그뿐이다. 사명을 필연적으로 달성하게 해줄, 그날 배정된 일을 마치자마자 다른 목표를 추진할 자유가 생길 것이다.

프로세스를 미리 결정하려면 그저 스스로에게 던지는 질문만으로 충분하다. 어떤 활동을 꾸준히 해야 필연적으로 성공할 수 있을까?

◈ 2단계: 결과에 대해 감정적으로 집착하지 않는다

프로세스를 진행하면서 한 가지 확실한 점은 틀림없이 힘든 날이 찾아온다는 것이다. 몇 주일씩 이어질 수도 있다. 그런 날이 꼭 온다는 걸 안다고 해서 조금이라도 그날이 즐거워지지는 않는다. 인간은 감정의 동물이다. 그래서 결과에 감정적으로 집착하지만, 이런 집착은 원하는 결과를 달성하게 해줄 프로세스에 전념하는 능력을 약화한다. 사람들은 대부분 작정했던 일을 달성하지 못하면 좌절감을 느끼고 용기를 잃는다. 하지만 꼭 그럴 필요는 없다. 프로세스에 전념하고 매일 발생하는 결과에 일희일비하지 않으면 중간에 절망할 필요 없이 장기적인 결과는 필연적으로 알아서 발생할 것이다.

이런 일이 현실에서 어떻게 나타나는지 살펴보자.

내 친구의 목표는 체중 감량이었다. 그는 칼로리 섭취량을 제한하는 방법을 기반으로 프로세스를 정했고, 채소 위주의 식단을 지키며 정기적으로 운동했다. 어느 날 친구가 내게 전화했다. "할, 네가 말했던 정해진 프로세스 전략을 따라 하고 있어. 지난 3주 동안 일주일에 세 번, 하루 30분씩 운동했는데 몸무게는 그대로야. 사실 500그램 정도 쪘는데 이유를 모르겠어. 의욕이 떨어지네." 나는 체질량 지수를 점검해보라고 했다. 근육량이 늘었을 확률이 높고, 그렇다면 체중 증가량이 상쇄되기 때문이다. 당연히 원인은 근육량이었다. 3개월 후 친구의 체질량 지수는 24%에서 14%로 떨어졌다. 그래서 그는 매일 프로세스에 전념할 수 있었다. 원하는 만큼 체중계 수치가 변하지 않는다고 포기했다면 지금처럼 날씬하고 건강해지진 못했을 것이다.

다른 예로 몇 년 전, 한 회사에서 전국 최고의 판매 부서를 담당하는 고객을 만난 적이 있다. 정말 훌륭한 실적을 올리는 슈퍼스타였다. 당시 우리가 함께 일하는 동안 그는 자기 부서를 연간 130만 달러의 실적을 올리는 팀으로 성장시키는 목표를 세웠다. 하지만 부서의 판매 실적이 몇 주 동안 급감하는 바람에 그는 우울해졌고 두려움을 느꼈다. 그는 연간 사업 계획을 되풀이해서 들여다봤고, 특히 연초에 작성했던 주간 판매 예측량을 자세히 살폈다. 해야 할 일은 모두 다 하고 있는데 왜 계속 문제가 생기는지 이해할 수 없었다. 그때 그가 요청한 코칭이 무척 인상 깊었다.

나는 팀의 일일 실적에 감정적으로 집착하면 프로세스에 대한 집중력이 사라질 수 있다고 지적했다. 영업사원들의 실적을 직접 통제할 수는 없기 때문이다. 물론 영업사원의 성과에 영향을 줄 수는 있지만, 통제할 수는 없다. 그는 팀원 개인과 어느 고객이 미팅을 잡거나 잡지 않았는지, 고객이 약속한 시각에 나타났는지 통제하지 못한다. 누가 물건을 샀는지, 지인을 소개해줬는지도 좌지우지할 수 없다. 하지만 그는 이 모든 결과와 기타 많은 일에 감정적으로 집착하고 있었다. 자신이 할 수 있는 것ㅡ그와 영업사원들이 유일하게 통제할 수 있는 것ㅡ은 확실히 전화하게 만드는 것뿐이라는 사실을 깨닫고 나서, 그의 일과는 완전히 바뀌었다.

그는 더 이상 영업사원들의 단기 실적에 일희일비하지 않기로 했다. 그 결심을 한 뒤로는 특정 일자에 팀이 얼마나 실적을 올렸는지, 심지어 일주일 동안 판매 목표를 달성했는지 집착하지 않았다. 그는 결과가 발생하기도 전에 어떤 결과든 받아들였다('바꿀 수 없다' 사례를 기억하는가?). 큰 그림에 계속 집중했고, 영업사원이 정해진 기간에 꾸준히 배정된 전화량을 채우게 한다는 프로세스를 계속 실행하면 항상 평균 수치를 달성할 수 있으리라고 믿었다. 자신의 프로세스에만 전념하면 된다는 사실을 깨달으면서 실제로 그의 스트레스가 눈 녹듯이 사라지는 것을, 나도 통화하는 동안 느낄 수 있었다.

이 역시 내가 겪었던 일이다. 《미라클 모닝》을 출간했을 때 책을 홍보할 방법을 따로 알지 못했다. 특별히 홍보용 플랫폼이나 방대한 이메일 주소를 보유하지도 않았다. 그런 수단을 가진 사람을 알지도 못했다. 그래서 책을 홍보할 가장 좋은 방법이 무엇일지 자문해봤다. 많은 작가에게도 질문하고 인터넷으로 조사한 결과, 팟캐스트 진행자들에게 인터뷰를 받는 게 좋겠다고 판단했다. 팟캐스트 인터뷰를 듣는 사람은 자기계발에 투자하는 사람일 것이다. 그리고 인터뷰는 다른 비용 없이 시간만 들이면 되므로 비용 효율도 아주 높았다.

그 후 나는 300건이 넘는 팟캐스트 인터뷰를 했고, 내가 진행하는 팟캐스트인 〈당신의 목표를 달성하라 Achieve Your Goals〉에 200개가 넘는 에피소드를 제작했다. 출간 첫 달의 판매량만큼 추가로 판매하기까지 18개월 동안 인터뷰를 해야 했다. 아래 그래프는 단기적인 결과와 상관없이 오랜 기간에 걸쳐 자신만의 프로세스에 집중했을 때 얻을 수 있는 효과를 보여준다. 사실 18개월 동안 내가

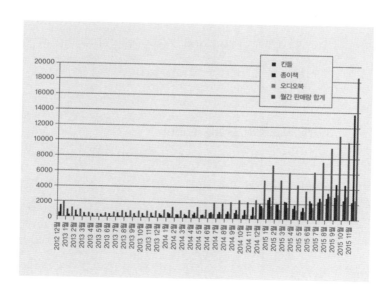

팟캐스트 인터뷰를 하고 또 에피소드를 제작하는 데 들인 시간과 노력에 비해 책의 판매량은 극도로 적었다.

그래프에 나타나듯이, 2012년 12월부터 2014년 6월까지는 판매량이 많지 않았다. 내 노력이 단기적으로는 성과를 내지 못했다는 뜻이다. 내가 단기 결과에 감정적으로 집착했더라면 절대 목표를 달성하지 못했을 것이다. 하지만 난 책을 믿었고, 책이 사람들의 삶을 바꾸리라 믿었기 때문에 내 프로세스를 계속했고 큰 그림에 집중했다. 이렇게 프로세스에 전념한 결과 궁극적으로 성과를 올릴 수 있었다. 지금까지 《미라클 모닝》은 백만 부가 넘게 판매됐고 절반은 미국에서, 나머지 절반은 전 세계 100개국 이상에서 판매됐다. 이는 중요한 목표를 달성하기까지 우리의 희망이나 기대보다 오랜 시간이 걸릴 때가 많지만 확고한 신념을 유지하고 남다른 노력을 오랫동안 기울이면 기적을 일으킬 수 있다는 또 하나의 증거이다.

◈ 3단계: 프로세스 일정을 정한다

헬스장용 운동복을 사거나 배우고 싶었던 분야의 책들을 사면 어떤 기분이 드는지 우리 모두 잘 알고 있다. 하지만 곧 손도 대지 않은 채 방구석에 방치된 모습이 눈에 들어온다. 새로운 프로젝트에 투입돼 갑자기 일이 바빠졌거나, 아이가 아파서 다른 일을 할 시간이 없었을 수도 있다. 고객이 더 많은 일거리를 안겨주기도 한다. 살다 보면 온갖 일이 생기기 마련이다.

프로세스를 확실히 지키려면 시간 일정을 잡아야 한다. 꾸준히 반복해서 하는 게 제일 좋다. 하루 일정과 시간을 보내는 방법을 주도하지 않으면 아무것도 변하지 않는다.

종이 달력이든 디지털 달력이든 꺼내서 매일 구체적으로 무슨 일을 할 것인지, 언제 프로세스를 완료할 것인지 적거나 입력하라. 대학원 학위를 준비 중이라면 매 학기에 강의를 몇 개 들을지 결정하고, 공부와 과제 시간은 얼마나 할애할지 계획을 세워야 한다. 디지털 달력을 사용한다면(강력히 추천한다), 반복 일정으로 알람을 설정하자. 그다음에는 정해진 시간에 하면 된다. 자유 시간을 더 많이 즐기고 싶으면 그 역시 일정을 잡으면 된다. 가장 중요한 점은 한번 정한 시간은 무슨 일이 있어도 어기면 안 된다. 프로세스를 완료하고 사명을 달성하는 데 필요한 시간을 다른 일들로부터 보호해야 한다. 그 결과 당신의 사명은 가능성에서 있음직한 일이 되고 누구나 원하는 것, 즉 필연적인 현실이 될 것이다.

당신의 손을 꽉 쥐기라도 하듯이, 내가 하는 말이 좀 지나치게 들릴 수도 있으리라 생각한다. 하지만 당신의 일정에 자리 잡을 만큼 중요한 일이 아니라면 그 일이 이뤄질 가능성은 없다. 적어도 꾸준히 이뤄지진 않는다.

이미 접시가 가득 차 있어서 다른 것을 얹기가 부담스럽다면, 시간이 남을 때 전체 스케줄을 점검해보자. 어느 항목을 좀 더 효과적으로 할 수 있을지, 우선순위가 낮은 활동은 사명에 필수적이고 원하는 목표를 이뤄줄 활동으로 바꿀 수 있는지 검토하라. 그리 비싸지 않은 배달 서비스를 활용해서 볼일 보는 시간을 줄일 수도 있다(대부분 스마트폰 앱으로 가능하다). 인스타카트Instacart나 아마존 프라임 나우Amazon Prime Now 같은 배송 서비스나 우버 이츠Uver eats, 페이버Favor, 그럽헙Grubhub, 도어대시DoorDash 같은 음식 배달 서비스를 활용하면 어떨까? 나는 이 서비스를 모두(그 밖에도 더 있다) 사용하고 있으며 그 시간에 가장 중요한 사명이나 다른 목표에 집중한다. TV 보는 시간을 한 시간만 줄이고 아이들과 놀아줄 수도 있다. 한 시간 일찍 일어나서 새로운 사업을 준비하는 방법도 좋다. 어떤 행동을 언제 해야 그 목표를 달성할 수 있는지 명확하게 알고 있을 뿐만 아니라 그 내용이 일정표에 적혀 있으면, 실제 목표 달성은 더욱더 쉬워진다.

◈ 4단계: 책임이라는 보호 장치를 만든다

당신을 제일 잘 아는 건 다름 아닌 당신이다. 스스로 프로세스에 전념하려면—그리고 유지하려면— 무엇을 해야 한다고 생각하는가? 당신은 꽤 자립적이고, 무엇을 하겠다고 마음먹으면 다른 사람이 책임을 묻지 않아도 알아서 끝까지 하는 편인가? 그렇다면 어려움 없이 기적의 공식을 잘 실행할 수 있을 것이다. 하지만 처음에는 흥분해서 시작하지만 중간쯤 가면 흐지부지하는 사람이 많다.

현실적으로 의미 있는 결과가 있을 때까지 필요한 만큼 오랫동안 한 가지를 끝까지 하기란 쉬운 일이 아니다. 쉬웠더라면 모두가 그렇게 했을 테고 이 책도 필요 없었을 것이다. 자제력을 발휘하는 사람은 그리 흔하지 않다. 누구나 혼자 할 수 있었다면 모든 이가 항상 모든 목표를 달성하지 않았겠는가. 6장에서 논의했던 주제이지만, 반복할 가치는 충분하다. 어떤 일을 끝까지 해내려면 서로 책임을 부여하는 관계를 만드는 방법이 제일 좋다. 이를 통해 정직해지고, 계속 앞으로 나아갈 수 있다.

책임은 사람이나 일, 행위나 결과 등에 의무를 다하는 상태를 뜻하며 형태와 규모가 다양하다. 어떤 사람들은 마감 기한이 있어야 제대로 일할 수 있다. 부정적인 결과를 피하려는 상황에서 가장 잘 대처하는 사람, 보상이 있을 때 효율이 높아지는 사람도 있다. 어떤 상황에서 동기부여가 제일 잘 되는지 파악하고 실행에 옮겨야 한다. 다른 사람에게 부탁해서 자신에게 책임을 지웠을 때 가장 효과를 보는 경우도 많다. 그럴 때 서로 책임을 지운다면 더 좋다.

다른 사람에게 목표 달성을 도와달라고 요청하는 건 약한 행동이 아니며, 그런다고 무력해지지도 않는다. 오히려 더 현명해진다. 〈포천〉 500대 기업의 CEO 중에 엄청난 책임감의 덕을 보지 않은 사람이 있다면 내게 알려주기 바란다. 그들은 주주와 직원, 회사 임원진은 물론이고 임원 코치에게도 답변해야 한다. 다른 사람(혹은 그룹)에게 책임을 지워달라고 요청하면 약속에 못을 박는 효과가 있다. 생각해보자. 헬스장에서 트레이너가 당신을 기다린다면 헬스장에 가기가 더 쉬워지지 않을까? 친구와 함께 달린다면 오래달리기도 좀 더 수월해질 것이다. 목표가 무엇이든 책임 파트너를 구하거나, 멘토에게 점검해달라고 요청하거나, 팀을 구성하거나(같은 목표를 지닌 사람들을 이끄는 것만큼 책임감 형성에 효과적인 방법은 없다), 코치를 고용해서 도움을 받을 수도 있다. 하지만 당신을 도와줄 사람은 엄격하고 일관성이 있어야 하며, 당신과 당신의 성공을 중요하게 생각해야 한다는 점을 기억하라.

◈ 5단계: 결과를 평가하고 프로세스를 조정한다

프로세스를 진행하면서 어떤 결과가 나타나는지 주의를 기울여야 한다. 두 달이 지났는데 체중계가 미동도 하지 않는다면 식단이나 운동법을 재평가할 필요가 있다. 판매량 목표를 달성하지 못했다면, 예측을 변경하거나 마케팅 활동을 늘리는 방향을 검토한다. 책을 쓰려고 마음먹었는데 한 줄도 쓰지 못했다면, 일정표를 점검하고 글 쓰는 시간을 바꿀 수 있을지 확인하면 된다.

일주일, 혹은 월 단위로 일정을 점검하여 결과에 따라 프로세스를 조금 수정해도 괜찮을지 확인하는 방법을 추천한다. 프로세스는 가능한 한 쉽고 명확해서 계속 전념할 수 있어야 한다. 무엇인가 프로세스를 방해하고 있다면 계속 점검하면서 변화를 주는 게 좋다.

기적을 일으켰다면 이제 어떻게 할 것인가

██████████ 기적 하나를 이뤘다고 해서 원래 방식으로 돌아간다면 이는 기적의 공식이 아니다. 우리는 삶의 모든 영역에서 가시적이고 측정 가능한 기적을 계속 일으키는 기적 전문가의 대열에 합류해야 한다. 그러려면 반드시 더 많은 성공을 이루고, 꾸준히 목표를 높이고 진화해야 한다.

그 과정에서 얻은 교훈을 내재화하고, 다음 사명으로 나아가는 데 활용하라. 앞서 언급했듯이 나는 가족과 많은 시간을 보내겠다는 사명을 수립했다. 그 프로세스가 자동으로 돌아가기 시작하자, 이 책을 쓴다는 사명에 주의를 돌렸다. 각 사명에 집중하면서 기적 전문가로서 역량을 키울 수 있고, 어떤 기적이든 일으킬 수 있을 것이다.

◉ 현실 속 프로세스 사례

내가 제일 좋아하는 뮤지션은 브라더 제임스brotha James라고도 불리는 제레미 라이지히Jeremy Reisig이다. 제레미는 독특한 재능을 지닌 뮤지션이며 노래를 통해 세상에 긍정적인 기운을 불어넣었다. 그의 음악은 듣는 이를 기분 좋게 만드는 것이 목적이다. 내가 알기로 제레미는 긍정적인 확언을 경쾌한 음악에 결합한 유일한 뮤지션이다. 우리 귀에 들리는 가사는 모두 무의식적으로 더 큰 행복과 성공을 끌어내기 위해 설계됐다.

제레미는 음악을 시작할 무렵 펑크 밴드와 함께 투어 공연을 했다. 악기 몇 가지를 연주하고 랩도 했지만, 그는 백그라운드 보컬로 노래를 하고 싶었다. 하지만 밴드 멤버들은 거듭 거절했다. 목소리가 별로라고 생각했기 때문이다.

밴드와 공연하러 다닌 지 4년이 지난 2013년, 제레미는 노래하는 법을 배우고 작곡가가 되기로 했다. 그는 밴드의 리드 싱어가 되겠다는 꿈을 이루고 싶었다. 함께 음악을 하자고 몇 사람에게 제안하기도 했지만, 그들도 제레미의 목소리는 그다지 인상 깊지 않다고 생각했다. 저런.

제레미는 흔들리지 않고 꿈을 현실로 만드는 일에 전념했고, 보컬 강사 두 명에게 노래 레슨을 받기 시작했다. 거의 하루도 빼먹지 않고 매일 15~30분씩 연습했으며 언젠가 목표를 이룬다는 신념을 버리지 않았다. 그의 남다른 노력은 하루에 15분에서 30분씩 했던 노래 연습뿐이었다는 사실을 기억하자. 아주 평범해 보이지만 이 노력이 특별한 이유는 2014년 3월 첫 공연을 하게 될 때까지 오랜 기간 일관성 있게 전념했기 때문이다. 2015년 중반 처음으로 돈을 받고 공연을 하면서 마침내 제레미의 노력은 빛을 봤다.

오늘날 브라더 제임스는 전국을 여행하며 영감을 일으키는 음악가라는 꿈을 실현하며 살아간다. 그는 여전히 노래 레슨을 받으며 하루 15~30분씩 일주일에 5일 연습한다는 약속을 지킨다.

제레미에 따르면 "아주 작은 일을 몇 번이고 반복하면 큰일이 된다." 그는 프로세스에 전념하면서 계속 성과를 올리고 있다. 남들이 별로라던 그의 목소리는 좋은 목소리로, 그리고 훌륭한 목소리로 발전했으며 유명 가수 제이슨 므라즈 Jason Mraz와 비교되기도 한다. 제레미는 계속해서 발전하는 중이며 그의 음악을 듣는 사람도 늘어나고 있다. 작년에 브라더 제임스의 공연 횟수는 150회가 넘는다. 그는 오랜 시간 프로세스에 전념하면 성공이 필연적으로 따라온다는 사실을 보여주는 완벽한 본보기이다.

해야 한다고 머릿속으로 알고 있는 일을
(기분이 내키지 않을 때도) 실천에 옮기는 법

■■■■■ 고객이나 독자들은 흔히 이런 질문을 한다. "해야 한다는 걸 알고는 있는데, 어떻게 동기부여를 해서 그걸 실천에 옮길 수 있을까요?" 그 목소리에는 보통 좌절감이나 무력감이 깔려 있다.

해야 할 일을 실천에 옮기는 건 어렸을 때부터 절대 쉬운 일이 아니었다. 채소를 많이 먹으면 건강해지고, 수입보다 지출을 적게 유지해야 가계 경제에 도움이 되고, 잠시 하던 일을 멈추고 시간을 내서 정신을 쉬게 해야 그날 스트레스가 줄어든다는 사실을 알면서도 늑장을 부리거나 모른 척한다. 의미 있는 목표를 추구할 때는 미루고 싶은 유혹을 극복할 방법을 찾아야 한다. 기분이 내킬 때만 실천하는 사람은 많은 일을 성취할 수 없다.

미루는 게 일상이 되면, 증명되지 않고 알려지지 않았거나 불편한 행위는 습관적으로 미루기 마련이다. 하지만 그 일을 해야 지금 있는 곳에서 우리가 원하는 곳으로 갈 수 있다. 그렇다면 어떻게 해야 머릿속으로 알고 있는 행위를 내키지 않을 때도 할 수 있을까? 자꾸 미루는 근본적인 원인을 이해하고, 이를 극복하기 위해 조치해야 한다. 물론 여러분은 미룰 수밖에 없는 이유를 수만 가지 생각해낼 수 있겠지만, 사실 진짜 이유는 하나밖에 없다. 그 행위 때문에 발생할 고통이나 두려움, 불편함을 연상하기 때문이다. 그게 전부다.

미루는 버릇을 극복하려면 그 모든 고통과 두려움, 불편함이 상상일 뿐이라는 사실을 이해해야 한다. 모든 건 당신의 머릿속에 있다. 고통스럽거나 무섭고, 불편할 것 같은 일을 실제로 해보면 아무렇지도 않다. 물론 그 행위를 한다는 상상을 하면 두렵다. 더 깊이 생각할수록 자꾸 미루게 된다. 하지만 실제로 행동에 옮긴다면? 지금까지 생각해온 행위─해야 한다는 걸 알고 있는 행위─를 실천하면 자유로워진다. 두려움에서 해방될 수 있고, 절대로 생각만큼 고통스럽지 않으며, 불편하리라 예상했던 일이 당신의 안전지대 안에서 자연스럽게 자리 잡을 것이다.

그러니 습관적으로 미루던 일을 실행할 동기를 찾으려면 움직여야 한다. 일단 첫발을 내디디면 그 첫 움직임이 앞으로 계속 나아갈 동기를 만들어준다. 하지만 그 첫걸음은 당신의 몫이다.

헬스장에 가는 걸 자꾸 미루게 된다면 운동하기로 작정한 시간에 그냥 가방을 꾸리고 차에 타라. 더 생각하지 말고 그냥 차에 타면 된다. 헬스장을 향한 걸음을 처음 떼면, 그곳(몇 달간 계속 회비를 낸 바로 그 헬스장)에 들어갈 확률이 높아진다. 그리고 주차장에 들어가서 제일 먼저 눈에 띄는 자리에 차를 대고 나면, 분명히 조수석에 있는 가방을 들고 헬스장에 들어갈 마음이 생기리라 장담한다. 적어도 집에서 소파에 앉아 갈까 말까 고민할 때보다는 의욕이 넘칠 것이다.

헬스장 안으로 들어가면 스피커에서 활기찬 음악이 울려 퍼진다. 근육을 단련하거나 러닝머신 위에서 뛰고 있는 사람들을 보고 있으면 동참하지 않을 수가 없다. 그렇게 하고 나면 스스로가 대견해진다. 자꾸 미루는 원인을 이제 명확하게 알았으니, 더는 그런 선택을 고려하지 않아도 된다는 사실을 깨달을 것이다.

미루는 버릇을 극복하는 건, 목표를 달성하려면 필요한 일을 하기 위해 언뜻 사소해 보이는 첫걸음을 내딛는 문제일 뿐이다. 일단 움직이기 시작하는 것만으로도 이미 미루는 버릇을 극복한 셈이다. 매일 정해진 프로세스로 첫걸음을 떼면 미루는 습관으로 고생한다는 게 무엇인지 잘 생각도 나지 않는다.

내가 남다른 노력은 그리 남다르지 않다고 했는데, 어떤가? 그저 단순하고 반복적인 프로세스를 달력에 고정하고 감정적인 집착을 버리며(하루하루 무슨 결과가 나오든 동요하지 않음), 상호 책임을 지우고 전체 과정에서 조금씩 조정해나가면 된다. 프로세스는 필요에 따라 얼마든지 간단해질 수(혹은 복잡해질 수) 있다. 브라더 제임스가 목소리를 다듬으려고 하루에 15~30분 정도만 연습했던 걸 생각해보자. 내가 연간 백만 달러 단위의 수입을 올렸던 것도 하루에 두 시간 정도 투자해서 전화를 40통 했던 덕분이었다. 지금은 내 말을 못 믿을 수 있겠지만, 당신도 곧 하루하루 프로세스를 시행하는 일이 기다려지기까지 할 것이다. 일단 접근 방법을 깨달으면 크고 두렵게만 느껴지던 목표도 얼마든지 즐겁게 접근할 수 있다.

이제 기적의 공식을 적용하는 단계를 배웠으니, 다음 장에서는 이 프로세스를 계속 실천하여 삶의 모든 영역에서 반복적으로 기적을 일으키는 방법을 알아보자.

9장

끊임없는
기적

◇◇◇◇◇◇◇◇

남다른 결과를
끝없이 반복하여
달성하는 법

기적을 믿을 때만
기적이 일어난다.

_ **파울로 코엘료**Paulo Coelh

■■■■■　　가시적이고 측정 가능한 기적을 일으킬 수 있게 되
어 기뻐하는 건 좋다. 꿈꾸던 삶으로 가는 문을 열 열쇠가 생겼는
데 누군들 기쁘지 않겠는가? 사람들은 경제적 안정이나 자유를 얻
고 싶어 한다. 소중한 사람을 만날 준비가 됐거나, 기존 관계를 회
복하고 싶을 수도 있다. 성취감을 느낄 만한 의미 있는 일을 찾기
도 한다. 더 건강해지고 날씬해지고, 육체적으로 활력을 느끼고 싶
어 하는 사람들도 있다. 누군가는 그저 더 행복해지고 싶을 것이
다. 하지만 이렇게 삶이 나아질 가능성에 설레는 마음과 그 가능성
을 필연으로 만드는 작업은 전혀 별개의 문제이다.

　궁극적인 목적이 기적 전문가의 특성을 개발하고 내재화해서
마음먹은 대로 기적을 일으키는 능력을 유지하는 것이라면, 기적

전문가처럼 생각하고 행동해야 한다. 그리고 거의 항상 그 원칙을 지켜야 한다.

우리는 두려움이 아니라 신념에 기반을 두고 생각해야 한다. 예전부터 지금까지 자신을 묶고 있는 제약을 풀어버리고, 스스로 지구상의 그 누구 못지않게 원하는 모든 것을 실현할 수 있는 가치와 자격, 능력이 있는 사람이라고 믿어야 한다. 같은 얘기를 여러 차례(어쩌면 그보다 많이) 언급했다는 사실은 알지만, 이제 나는 여러분이 머리뿐만 아니라 감정적으로도 생각을 바꾸고 개선된 자신을 보고 느낄 수 있게 도울 것이다. 그러면 스스로 원하는 자신의 모습, 이루기로 다짐한 미래와 일치하게 살아가기가 훨씬 쉬워진다.

동기부여 강연과 저서로 유명한 얼 나이팅게일Earl Nightingale은 이렇게 말했다. "사람은 생각대로 된다." 그리고 석가모니가 말했다. "생각이 곧 자신이다. 세상의 모든 것은 생각의 결과로 발생한다. 사람은 생각으로 세상을 만든다." 나 역시 우리의 정체성과 현실을 형성하는 건 마음가짐이라고 계속해서 강조했다. 하지만 당신은 마음가짐을 전략적으로 설계하는 데 얼마나 시간을 투자하는가? 이번 장에서는 기적 전문가로서 생각하고 행동할 수 있게 사고방식을 재설정하는 방법을 자세히 살펴볼 것이다. 다행히 그 일을 완벽하게 해줄 수 있는 습관이 하나 있다.

기적의 공식을 시행할 때 필요한 습관

██████ 나는 《미라클 모닝》에서 라이프 세이버Life S.A.V.E.R.S라고 하는 프레임워크를 소개했다. 이 머리글자는 인류 역사상 시대를 초월하여 어디나 적용할 수 있고, 과학적으로 증명된 자기계발 수행법이다(내가 만든 건 하나도 없다). 각각 침묵Silence, 확신의 말Affirmation, 직관의 시각화Visualization, 아침 운동Exercise, 독서Reading, 기록하기Scribing를 뜻한다. 나는 각 활동을 매일, 되도록 아침에 다른 일보다 먼저 해서 남은 하루 동안 마음가짐을 다듬고 집중력을 최대화하는 것을 추천한다.

이 여섯 가지 수행법은 그 자체로도 큰 변화를 일으킬 수 있지만, 나는 인터뷰에서 개인적으로 이 중에 제일 좋아하는 활동이 있느냐는 질문을 많이 받았다. 물론 그렇지 않다고, 다 똑같이 중요하다고 대답하는 게 제일 안전하리라고 생각한다. 하지만 우리 독자들을 대할 때는 안전하기보다 투명하리만치 솔직한 쪽을 택하고 싶다(가끔 지나칠 정도로).

경험상 가장 효과적이라고 확신하고, 내가 제일 좋아하는 방법이 있긴 하다. 내가 자기계발과 변화를 위해 가장 선호하는 수행법은 세이버 중에서도 특히 확신의 말이다. 하지만 아마 당신이 생각하는 방식과는 다를 것이다.

확신의 말은 부당하게 저평가되는 경향이 있다. 좋게 말하면 비효율적이고, 나쁘게 말하면 헛된 일이라고들 한다. 확신의 말을

'비전 보드'와 비슷한 부류로 보는 시각도 있다. 벽에 사진 몇 개를 붙여놓고 가만히 앉아서 현실이 마법처럼 변하기를 기다려봤자 아무 일도 일어나지 않는다. 마찬가지로 말만으로는 새사람이 될 수 없다. 아니, 될 수 있다고 해도 수많은 자기계발 전문가들에게 배운 방식으로는 불가능하다.

내가 지금보다 어렸을 때는 다른 사람들처럼 확신의 말은 효과도 없고 헛된 일이라고 생각했다. 기분 좋은 말만 가득 늘어놨을 뿐 현실성은 전혀 없고, 그 순간만 기분을 좋게 해준다고 생각했다. 나처럼 결과를 중시하는 사람들, 말하자면 분별력 있는 사람들은 그저 불안한 마음을 숨기려고 기분 좋은 말을 반복하지는 않는다. 난 확신의 말이 실제 결과로 이어지리라고는 전혀 생각하지 않았다.

20대가 되어 자기계발을 공부하기 시작하면서 확신의 말이 실제로 큰 변화를 일으킬 수 있다는 말을 다시 접했다. 특정한 구절을 믿을 때까지 반복하면 삶이 바뀐다는 내용이었다. 스스로 게으르다고 여기고 그 생각에 맞춰 생활해온 사람에게는 구미가 당기는 얘기였다. '아무것도 안 해도 되겠군.' 난 배팅해보기로 마음먹었다.

하지만 현실은 그렇지 않았다. 누구나 확신의 말을 실천할 때 부딪혔던 장애물이 금방 내 앞을 가로막았다. 자기계발 분야의 선구자들이 흔히 제시하는 형식으로 확신의 말을 실천해도 아무 일도 생기지 않았다. 훌륭한 삶을 아무리 말로 표현해도 실현될 기미가 안 보였다. "나는 백만장자다"라고 계속 말해봤자 내 계좌에는 한 푼도 쌓이지 않았다. 현실과 다른데 '나는'이라는 단어를 써서 확신의 말을 반복하는 일은 진정성이 없게 느껴졌다.

그러던 어느 날 큰 깨달음을 얻었다. 문제는 확신의 말 자체에 있는 게 아니었다. 사람들이 확신의 말을 잘못 이해하고 잘못 가르치고, 잘못 사용하고 있을 뿐이었다. 나는 문제를 두 개로 압축하여 확신의 말에 대한 접근 방식을 완전히 바꿨다. 확신의 말을 실용적이고 일관적이며, 가시적이고 측정 가능한 결과를 만들어낼 수 있는 수단으로 재설계했다.

이제부터 기적의 공식 확신의 말을 창조하는 법을 단계별로 살펴볼 예정이다. 확신의 말은 진실에 바탕을 두고 기적의 공식을 더 빨리 적용할 수 있게 전략적으로 설계됐다. 하지만 시작하기 전에, 기존의 확신의 말에 존재하는 두 가지 결함과 그 결함 때문에 발생하는 문제를 알아보자.

◈ 1. 진실하지 않은 표현은 인위적인 느낌이 든다

누구나 삶의 특정 영역이나 전체를 개선하길 원한다. 부, 사랑, 건강한 신체, 혹은 하루에 스물다섯 번째 시간을 덤으로 바라는 사람도 있을 것이다. 확고한 신념과 남다른 노력이 있으면 이 모든 것에 접근할 수 있다(거의!). 하지만 스스로 거짓말을 하면 목표에 가까워질 수 없다. 그리고 수많은 자기계발 선구자들이 그렇게 잘못된 방식으로 확신의 말을 설계하게 했다.

흔히 이런 말을 반복하라고들 한다.

나는 성공했다.

나는 돈을 끌어들인다.

내 몸매는 완벽하다.

나는 헌신적이고 애정 넘치는 관계를 맺고 있다.

이런 표현이 사실이 아니라면 당신도 속으로는 그 사실을 알고 있다. 그리고 저런 문장을 반복함으로써 자신에게 거짓말을 한다. 당신의 잠재의식은 거짓말에 저항할 테고, 그 결과 내면에서 또 갈등이 일어난다(모자라기라도 한 것처럼). 또한 확신의 말을 시작하기 전보다 더 기분이 나빠질 가능성도 있다. 2009년 〈심리 과학Psychological Science〉지에 발표된 논문에 따르면 자존감이 낮은 사람들은 '나는 사랑받을 자격이 있는 사람이다' 같은 말을 반복하고 나서 오히려 기분이 나빠진다고 한다.* 생각해보자. 스스로 사랑받을 만한 사람이 아니라고 믿고 있는데(사실 여부와는 관계없이), 단순히 그 말을 반복해봤자 이미 부정적인 이미지 위에 '거짓말쟁

---

* Joanne V. Wood, W.Q. Elaine Perunovic, and John W. Lee, "Positive Self Statements: Power for Some, Peril for Others," *Psychological Science* 20, no.7(2009): 860-66

이'라는 이미지를 덧붙일 뿐이다.

이런 확신의 말은 자신에 대한 믿음을 깎아내릴 가능성이 있고, 기적 전문가로서 새로운 정체성을 얻는 과정을 방해한다. 의미 없는 선언을 함으로써 그 순간의 스트레스와 불안을 완화할 수 있겠지만, 궁극적으로 원하는 바를 성취하는 데는 도움이 되지 않는다. 진실 —당신의 진실—은 항상 승리하는 법이다.

◈ 2. 수동적인 언어는 실천을 방해한다

삶을 개선하려고 할 때 넘어야 할 가장 큰 산은 제일 먼저 혹은 이다음에 무엇을 해야 하는지에 대한 의문이다. 사람들은 연이어 이루어져야 하는 행위를 파악하지 못하기 때문에 혼란에 빠진다. 그래서 아무것도 하지 않다가 결국 포기한다. 기존의 확신의 말은 대부분 부정적인 언어를 사용하기 때문에 행동으로 연결되지 않는다. 실제로 무엇인가 해야 한다는 사실을 얼버무리고 넘어가기 일쑤이다. 벽에 걸려 있는 마법 같은 비전 보드처럼 손가락 하나 까딱하지 않아도 원하는 것이 굴러 들어온다고 느끼게 한다.

돈이 저절로 불어날 것이다. 평생의 사랑이 문 앞에서 기다릴 것이다. 그러면 얼마나 좋을까? 그렇게만 된다면 우리 모두 레이지보이La-Z-Boy에서 산 리클라이너에 편히 앉아 기적을 일으킬 수 있다. 나도 꼭 끼워주길! 하지만 인생은 그렇게 굴러가지 않는다.

우리 집 뒷마당에 돈이 열리는 나무가 자라지도 않는다. 당신은 어떨지 모르겠지만 나는 모르는 사람이 현관 주변을 어슬렁거리면 경찰을 부를 거다(물론 아마존 프라임에서 온 배송원이 아닌지 확인한 뒤). 이런 부류의 확신의 말도 거짓말이다. 기적에는 행위가 필요하기 때문이다. 삶에서 일어나길 바라는 모든 결과에는 프로세스가 선행돼야 한다는 사실을 기억하자. 당신은 프로세스를 정의하고 실행해야 한다. 그래야만 진전이 생긴다.

효과적인 확신의 말을 만드는 법으로 넘어가기 전에, 확신의 말의 효과를 강력하게 잘 표현한 말을 소개한다. 내가 제일 좋아하는 명언들이다.

- 확신의 말을 반복하면 신념이 생긴다. 그리고 신념이 깊은 확신이 되는 순간 위대한 일이 일어난다. – 무하마드 알리
- 어떤 생각이든 설득될 정도로 자주 잠재의식을 건드리면 결국 수용되기 마련이다. – 로버트 콜리어Robert Collier(자기계발서 저자, 출판인)
- 확신의 말은 지금 사용하는 단어를 통해 현실을 넘어 미래를 창조할 수 있게 해준다. – 루이스 L. 헤이Louise L. Hay(작가, 출판인, 헤이 하우스Hay House 설립자)
- 삶에서 승리를 거두기 전에 먼저 자기 정신부터 이겨야 한다. – 존 애디슨John Addison(리더십 강연자, 작가)

기적의 공식 확언을 창조하고 실행하는 5단계

■■■■■   알다시피 확신의 말은 진실에 바탕을 둬야 하고, 일으키고 싶은 기적이 무엇이든 그것을 달성하는 데 필요한 구체적인 행동을 명확하게 언급해야 한다. 우리 뇌가 새로운 현실에 대비해야 한다면 그 현실 속에서 하게 될 일에도 대비할 필요가 있다.

> ◉ **현실 속 확언 사례**
>
> 페이스북의 미라클 모닝 커뮤니티 회원인 미란다 마트 Miranda Mart는 확신의 말이 어떻게 삶을 바꾸는지 잘 보여주는 훌륭한 사례이다.
>
> 미란다는 3년 전에 《미라클 모닝》을 알게 됐다. 당시 이혼한 지 얼마 안 되어 어린 두 자녀를 혼자 키워야 하는 상황이었다. 그리고 100% 수당제로 돈을 받는 일을 시작했고, 전혀 경험해보지 않은 분야에서 에이전시를 차리고 싶었다. 미란다는 우울했고 사회 공포증을 느꼈으며, 혼자 처리해야 하는 청구서 금액이 15만 달러를 넘겼다. 넘을 수 없는 장애물이 계속 이어지는 것만 같았다.
>
> 미란다는 《미라클 모닝》에서 제시하는 습관을 최우선 순위

로 삼았다. 《미라클 모닝》을 3개월마다 되풀이해서 읽었고 확신의 말, 직관의 시각화, 기록하기를 매일 실천했다. 미란다는 확신의 말을 세 분류로 나눴고, 확신의 말에 익숙해질수록 생각을 능숙하게 통제할 수 있었다. 더는 마음속의 괴물이 미란다를 좌지우지하지 않았다.

그녀는 매일 《미라클 모닝》 습관을 실천했으며, 결국 전체 1,000명이 넘는 판매원 가운데 최고 실적을 기록했고 마침내 자기 회사를 시작했다. 하지만 그게 끝이 아니었다. 미란다는 꾸준히 확신의 말을 실천했고 회사를 시작한 후로 산하에 에이전시를 여섯 군데 세웠다. 소득은 네 배가 됐고, 사내에서 가장 많은 계약을 따냈다. 미란다는 남다른 성공의 비결이 《미라클 모닝》, 특히 확신의 말이라고 말한다.

확신의 말이 현재 신념 체계와 충돌하면 안 된다는 점에 유념하라. 확신의 말은 신념과 보조를 맞추면서 진화하고, 신념 체계를 확장해야 한다. 새로운 가능성에 서서히 마음을 열고, 뇌가 가능성을 믿게 유도하자. 그러려면 논리가 필요하다. 그 논리는 진실에 바탕을 두고 미리 설계된 프로세스와 결합해 가시적인 결과를 만들어줄 것이다.

기적의 공식 확신의 말은 기적 전문가의 정체성에 부합하는 신념과 행위를 정의하고, 표현하고, 강화하여 정체성을 개선하게 도와준다. 또한 잠재의식에 확고한 신념을 불어넣고, 동시에 의식적으로 남다른 노력을 기울여서 가시적이고 측정 가능한 결과를 만들 수 있게 설계되어 있다.

요약하면 기적의 공식 확신의 말은 두 가지 결과를 창출한다.

- 당신을 방해하는, 인간에게 내재한 갈등을 최소화하거나 없애고, 선택하는 모든 것을 달성하는 데 필요한 확고한 신념을 적극적으로 주입하여 잠재의식을 개선하고 재설계한다.
- 제일 중요하게 생각하는 활동을 하도록 의식을 이끌고 가장 큰 목표를 단순한 가능성에서 있음직한 일로, 그리고 꼭 이뤄질 현실로 움직일 수 있게 남다른 노력을 계속 기울이게 해준다.

이제 실용적이고 결과를 지향하며, 가시적이고 측정 가능한 기적을 일으킬 수 있게 정신 상태를 다잡아줄 기적의 공식 확신의 말을 창조하고 시행하는 프로세스를 살펴보자.

◈ 1단계: 기적의 만트라를 시작한다

7장에서 기적의 만트라를 작성했던 과정을 기억하는가? 기적의 만트라는 기적이 현실이 될 때까지 사명에 전념하겠다는 각오를 한 문장으로 요약한 것으로, 확고한 신념을 유지하고 남다른 노력을 기울이게ー아주 오랫동안ー해준다.

기적의 만트라는 기적의 공식을 시행하고 유지하는 데 쓰이는 독보적인 수단으로, 확신의 말에 꼭 포함해야 한다. 어떤 대상을 반복할수록 뇌리에 더욱 깊이 각인될 것이다.

실행: 일기나 스마트폰 또는 자주 사용하는 문서 프로그램을 열고 기적의 만트라가 들어간 확언을 기록한다.

템플릿: 나는 ＿＿＿＿＿＿＿＿＿＿＿＿＿＿＿＿ 한다(6장에서 수립한 사명 삽입)는 확고한 신념을 지킬 것이며, 다른 선택은 고려하지 않고 사명을 달성할 때까지 무슨 일이 있어도 남다른 노력을 기울일 것이다.

◆ **2단계: 사명에 담긴 깊은 의미를 표현한다**

사명이 꼭 세상을 뒤흔들 만큼 거창할 필요가 없다(그럴 가능성은 충분하지만)는 사실을 기억하라. 크든 작든, 간단하든 복잡하든 원하는 대로 정하면 된다. 당신에게 의미 있는 일이라는 게 가장 중요하다. 그 의미ー사명을 달성하려는 이유ー가 당신을 움직이게 할 테니, 매일 떠올릴 수 있어야 한다. 매일 사명을 떠올리게 하는 것이 확신의 말의 역할이다.

목표에 대한 소망과 달성 사이에는 연결 고리가 필요하다. 깊은 의미를 지닌 당신만의 이유가 소망과 성취 사이에서 지렛대로 작용할 것이다. 내 절친한 친구인 존 브로만^{Jon Vroman}이 자주 하는 말이 있다. "이유가 심장을 뛰게 하면 방법에 다리가 생긴다." 우리는 무엇인가를 성취하거나 개선하고 싶어서 목표를 수립하지만, 어려움에 부딪히면 이유(혹은 이유의 부족)에 기댄다. 이유가 약하거나, 더 심하게는 왜 목표를 추구하는지 명확하지 않으면 쉽게 포기하기 마련이다. 반면 사명을 달성하려는 이유가 정말 중요하다면—그 의미가 다른 그 무엇보다 크다면— 다른 선택은 고려하지 않고 어떤 도전에 부딪혀도 끝까지 버티며, 무슨 목표(들)든 필요한 일은 전부 하려고 할 것이다.

실행: 당신에게 왜 그 사명이 깊은 의미가 있는지 표현한다. 의미 있는 이유(들)는 사명이 이뤄질 때까지 계속 전념할 수 있는 동력이 된다. 사명을 추진하고 달성하는 동안 당신이 경험할 가장 중요한 효과(들)를 표현하면 된다. 변화한 자신의 모습 같은 가시적이지 않는 효과나 금전적 보상이나 개선된 관계, 체중 감량 등 보다 확실한 효과일 수도 있다.

템플릿: 내가 사명에 전념하는 이유(들)는 ⎯⎯⎯⎯⎯⎯⎯⎯⎯⎯⎯⎯⎯⎯⎯⎯ 이다(깊은 의미를 담고 있는 이유, 즉 사명을 추진하거나 얻는 과정에서 경험할 가장 중요한 효과를 삽입한다).

◈ 3단계: 남다른 노력을 확실히 기울이고 프로세스에 전념하여 (결과에 감정적으로 집착하지 않고) 필연적으로 사명을 달성할 환경을 조성한다

이 단계는 과연 이런 사명을 달성할 수 있을지 보편적으로 발생하는 불안을 완화한다. 또한 목표 달성이 가능하다고 믿을 만한 논리를 뇌에 심어주고 남다른 노력을 대비하게 해준다. 창조하고 싶은 욕구와 실현 사이에 다리를 놓는 단계로 생각하자.

실행: 사명 달성에 필요하다고 판단한 주요 행위로 이뤄진 프로세스를 적는다. 언제 실천할 것인지 꼭 포함해야 한다. 최대한 명확하고 간결하게 쓰자. 압박감을 느끼지 않도록 측정 가능한 한 가지 행위만 꾸준히 하는 게 좋다. 매일 프로세스를 얼마나 자주 시행할 것인지, 언제 완성할 것인지도 표시한다.

템플릿: 사명을 필연적으로 달성하기 위해, 결과에 감정적으로 집착하지 않고 _____ (일자와 시간 삽입)에 _____ (프로세스 삽입)하는 데 전념할 것이다.

◈ 4단계: 진정한 특권을 설정한다

기적 전문가는 원하는 대로 무엇이든 달성할 수 있고 한번 다짐하면 이뤄낼 것이며, 노력하는 것은 전부 얻을 자격이 있다는 마음가짐으로 살아간다는 사실을 기억하라. 기적 전문가의 자질을

개발할 때는 이렇게 스스로 자격을 갖췄다는 느낌이 중요하다. 이 느낌이 확고한 신념을 불어넣고 남다른 노력을 기울이게 한다. 기적의 공식 확신의 말의 효과는 진정한 특권을 설정하여 강화하고, 원하는 것은 무엇이든 얻을 자격이 있다고 느끼게 해주는 데에서 시작한다.

> **실행:** 지구상의 다른 어떤 사람들에 못지않게 당신에게는 원하는 대상(그리고 전념하는 대상)을 모두 이룰 가치와 자격, 능력이 있다는 보편적인 진리를 떠올린다.
>
> **템플릿:** 나는 사명에 전념하며 매일 기적 전문가로 살아갈 것이다. 지구상의 다른 어떤 사람들에 못지않게 가시적이고 측정 가능한 기적을 일으키며 원하는 모든 대상을 얻을 가치와 자격, 능력이 내게 있기 때문이다.

앞서 소개한 문장을 그대로 복사해도 좋고, 원하는 대로 수정해도 좋다. 각자 어떤 말에 공감하는가에 따라 여러 단어와 어구에 사용해 자신에게 맞게 문구를 만들자. 이때 자신이 주로 사용하는 언어를 의식해서 만들어야 한다. 그 언어는 당신에게 자극을 일으키고 감명을 주어야 한다. 여기 나열한 단계도 마찬가지다. 예를 들어 스스로 기적 전문가라고 부르는 게 어색해도 문제 될 건 없다(자신을 평소와 다르게 부르면 처음에는 누구나 어색하게 생각한다).

이런 문장으로 대체해도 좋다. '나는 늘 가장 나은 내 모습으로 살아가는 데 전념할 것이다.' 혹은 '내가 원하는 모든 것'을 '내가 꿈꾸는 삶'으로, '기적'을 '결과'로 바꿔도 된다. 스스로 공감할 수 있는 언어를 사용하는 게 중요하다.

◈ **5단계: 하루도 빠짐 없이 기적의 공식 확신의 말을 암송한다 (감정을 담아서)**

의심할 여지없이 가장 중요한 단계인데도, 대다수가 이 단계에 끝까지 집중하지 않는 경향이 있다. 사람들은 꽤 오랜 시간을 들여 확신의 말을 설계하면서 개선된 정체성과 사명, 프로세스를 정확히 포착하지만 그 이후에는 계속하지 않는다. 다이어트 계획이나 새해 목표를 중단하는 것과 마찬가지다. 사실 이런 경향은 인간의 본성 탓이다. 초기의 흥분이나 '신선한 느낌'이 사라지면 다른 새롭고 자극적인 일을 시작하고 싶은 유혹을 느끼기 마련이다. 그러면서 무너지기 쉽다.

기적을 일으키는 열쇠는 일관성이다. 원하는 목표를 이룰 때까지 그 대상에 전념해야 한다. 그 과정을 시작하는 가장 좋은 방법은 매일 기적의 공식 확신의 말을 암송하는 것이다. 그리고 한 발 나아가서, 확신의 말에 감정을 담아 암송하면 더 좋다. 이 행위는 뇌에 작용하여 원하는 감정과 실제 감정이 비슷해지게 만들어 준다. 자신에게 거짓말을 하는 것이 아니라, 어떤 느낌을 받고 싶은지 뇌에 자주 신호를 주는 것뿐이다. 우리는 기적의 공식 확신의 말을 완벽하게 '이해'해야 한다.

어떤 대상을 머리로는 이해할 수 있어도, 감정적으로 이해할 때까지는 진정 이해했다고 보기 어렵다. 개념이나 논리상 이해하는 데서 한발 나아가 실제로 감정을 느껴야 한다는 뜻이다. 예를 들어 당신이 사랑하는 여성이나 남성이(여기서 내 입장은 남성이다) 무엇인가 마음에 들지 않는다고 불평할 때, 그 말을 듣고 머리로는 알지 몰라도 항상 이해하는 것은 아니다. 그 사람이 울기 시작할 때 그 모습을 보고, 듣고, 심지어 그 고통을 느낄 수 있다면 감정적인 수준에서 그 말을 '이해'한 것이다.

그러니 확신의 말을 암송하면서 말속에 들어 있는 진실을 느껴야 한다. 확고한 신념과 남다른 노력을 발휘하며 매일 기적 전문가로 사는 데 전념하겠다고 확신의 말을 할 때, 크게 숨을 들이마시고 내쉬면서 새로운 정체성이 밀려드는 기분을 느껴보자. 새로운 정체성이 생기면 어떤 모습, 음성, 기분일지 상상함으로써 머리로도, 정서적으로도 경험할 수 있다.

실행: 기적의 공식의 핵심은 일관성이며, 매일 확신의 말을 암송하는 것부터 시작하여 제약 없는 마음가짐을 유지하고 확장하며 프로세스에 계속 집중할 수 있다. 꾸준히 기적의 공식 확신의 말을 암송할 시간을 따로 마련하는 게 제일 이상적이다.

잠들기 전에 매일 밤, 아침에 양치질하고, 혹은 하루를 시작하면서 미라클 모닝 습관을 실천할 때 암송해도 좋다. 그리고 그 말의 진실을 느껴야 한다는 걸 잊지 말자. 가능하다면 그 느낌을 최대한 오래 유지하라. 나는 확신의 말을 암송한 다음 명상하면서, 확신의 말이 창조한 마음가짐과 감정을 완벽하게 흡수하려고 노력한다. 이런 방법으로 기적의 공식 확신의 말이 삶에 미치는 영향력을 높일 수 있다.

자료 다운로드: www.tmebonuses.com에서 다섯 단계를 모두 포함한 1쪽짜리 기적의 공식 확언 작성 템플릿을 다운로드할 수 있다.

● 기적의 공식 확신의 말

1. 나는 ＿＿＿＿＿＿＿＿＿＿＿＿ 한다(6장에서 수립한 사명 삽입)는 확고한 신념을 지킬 것이며, 다른 선택은 고려하지 않고 사명을 달성할 때까지 무슨 일이 있어도 남다른 노력을 기울일 것이다.

2. 내가 사명에 전념하는 이유(들)는 ＿＿＿＿＿＿＿＿＿＿＿＿ 이다(깊은 의미를 담고 있는 이유, 즉 사

명을 추진하거나 얻는 과정에서 경험할 가장 중요한 효과를 삽입한다).

3. 사명을 필연적으로 달성하기 위해, 결과에 감정적으로 집착하지 않고 _____ (일자와 시간 삽입)에 _____ (프로세스 삽입)하는 데 전념할 것이다.

4. 나는 사명에 전념하며 매일 기적 전문가로 살아갈 것이다. 지구상의 다른 어떤 사람들에 못지않게 가시적이고 측정 가능한 기적을 일으키며 원하는 모든 대상을 얻을 가치와 자격, 능력이 내게 있기 때문이다.

개인적 사례: 요즘 내가 실천하는 기적의 공식 확신의 말을 공유한다. 몇 가지 단어는 템플릿과 약간 다른데, 앞서 언급했듯이 스스로 공감할 수 있는 언어를 쓰는 게 중요하기 때문이다. 나는 계속해서 배우고 성장하며 새로운 관점을 얻을 수 있도록 끊임없이 단어를 편집하고 개정하고 있다.

1. 나는 암에 걸리지 않고 오랫동안 건강하게 산다는(내가 100세, 내 아이들인 소피가 70세, 할스튼이 67세가 될 때까지) 확고한 신념을 지킬 것이며, 앞으로 무슨 일이 있어도 다른 선택은 고려

하지 않고 이 사명을 이룰 때까지 남다른 노력을 기울일 것이다.

2. 내가 사명에 전념하는 이유(들)는 살아서 소피와 할스튼에게 긍정적인 영향을 주고 아내 어설라와 함께하는 것이 세상 그 무엇보다 내게 큰 의미가 있기 때문이다.

3. 오랫동안 건강하게 100세가 넘을 때까지 확실히 살아남기 위해, (매일) 전체론적인 항암 요법과 대증 요법을 모두 실천하고 두 요법의 건강 증진 효과를 극대화하는 프로세스에 전념할 것이다.

4. 나는 사명에 전념하고 매일 기적 전문가로 살아간다. 지구상의 그 어떤 사람들에 못지않게, 내겐 100세가 넘을 때까지 오랫동안 건강하게 가족들과 함께 살아갈 가치와 자격, 능력이 있기 때문이다.

시간이 흐르면서 확신의 말도 진화해야 한다

필요하다면 확신의 말을 편집하고 개정해서, 계속 진화하는 정체성과 목표에 맞춰야 한다. 당신이 성장하고 진화할 때 확신의 말도 성장하고 진화할 필요가 있다. 가시적이고 측정 가능한 기적을 일으키는 데 성공하면, 새로운 목표와 사명을 위해 새로운 확신의 말을 만들어야 한다. 결국 확신의 말을 발전시키는 과정도 제2의 천성에 가까워질 것이다. 무엇을 써야 하고 무엇이 가장 당신에게 효과가 있는지, 새로운 목표가 떠오를 때마다 확고한 신념과 남다른 노력을 유지하려면 확신의 말을 어떻게 활용해야 하는지 경험으로 알 수 있다.

누구나 여러 가지 면에서 재설계가 필요하다. 우리는 오랜 세월 제한적인 신념을 지닌 채 살았고, 풀어야 할 내면적인 갈등과 극복해야 할 두려움을 등에 지고 있다. 나는 궁극적으로 삶의 모든 영역에 확신의 말을 써보길 권한다. 그 확신의 말은 구체적인 목표를 포함할 것이며, 특정 시기에 집중하고 싶은 대상에 따라 바뀔 것이다. 나는 아침에 가끔 내가 작성한 확신의 말을 전부 읽어본다. 가장 시급한 내용만 읽을 때도 있다. 구체적인 한 가지 사명에 매진할 때는 그것을 달성할 때까지 해당하는 확신의 말을 꼭 읽는다.

내 확신의 말에 담겨 있는 기본 주제를 소개한다. 주제마다 목표를 설정했다.

- 건강과 신체 단련(암 예방 포함)
- 아내
- 다른 가족들
- 수입과 경제적 자유
- 영성
- 나의 사명과 목적
- 아이들
- 친구들
- 자기계발
- 기여

확신의 말에 사용하는 표현이나 구성은 수없이 다양할 수 있으며, 나 역시 목적에 맞게 여러 가지로 변형을 준다. 바로 앞에서 다룬 단계별 방식은 기적의 공식을 시행하는 데 초점을 맞췄다. 가장 단순한 형태로 생각하면, 확신의 말은 가장 중요한 대상을 떠올리게 하는 말에 불과하다. 중요한 목표나 하루 활동, 자신감, 근본적인 마음가짐, 가치, 목적, 기타 모든 대상 중에서 가장 먼저 마음속으로 앞세우고 싶은 것을 떠올리게 해준다. 무엇인가에 집중하면 그것이 확대된다는 말을 분명 들어봤으리라 믿는다. 확신의 말은 그 대상에 항상 집중하고, 가장 중요한 영역에서 확장해나갈 수 있게 도와준다.

예를 들어, 나는 이런 확신의 말을 암송한다. '오늘 아내의 삶을 멋지게 만들어줄 일을 할 것이다.' 매일 아침 이 문장을 읽으면서 아내의 삶에 가치를 더해줄 행동을 적어도 한 가지는 해야겠다고 미리 생각한다. 주로 설거지를 하거나 꽃을 사주거나, 얼마나 사랑하는지 말하거나, 늦잠을 자게 해주거나, 하루를 조금 더 편하게 보내도록 일을 거드는 등 단순한 일을 한다. 휴가를 계획하거나, 아이들을 데리고 나가서 아내가 하루 정도 혼자 있게 해주는 등 좀 더 거창한 일을 할 때도 있다. 어떤 일을 하든, 매일 확신의 말을 읽으면 아내의 삶에 가치를 더할 일을 한 가지 해야 한다는 사실을 떠올릴 수 있다. 이런 말도 있지 않은가. '아내가 행복해야 내 삶이 행복하다.'

목표와 사명은 시간이 흐르면서 변하겠지만, 계속 기적을 일으키고 싶다면 기적 전문가로서의 정체성이 변해선 안 된다. 계속해서 확고한 신념과 남다른 노력을 선택해야 한다. 또한 끊임없이 내면의 갈등과 싸우고, 스스로 얼마나 강한 사람인지 기억하라. 그리고 당신의 목표가 얼마나 깊은 의미를 지니는지 느껴야 한다. 방금 배웠듯이 확신의 말이 이 모든 걸 해낼 수 있게 도와줄 것이다. 매일 몇 분만 집중해서 주의를 기울이면 된다.

이제 기적의 공식 확신의 말을 수립하고 사용하는 법을 정확히 배웠으니(꼭 시간을 내서 확신의 말을 작성하거나 템플릿을 다운로드하자), 지금까지 배운 내용을 종합해서 실행할 때가 됐다. 다음장에서는 30일간 기적의 공식 도전 계획에 참여해보자. 내 첫 코치는 이런 말을 자주 했다. "지금이야말로 바퀴가 도로에 닿는 순간이다!"

기억할 것: 기적의 공식 확신의 말을 작성하면서 질문이 있거나 도움이 필요하다면 www.mytmmcommunity.com의 미라클모닝 커뮤니티에 자유롭게 글을 게시해도 좋다. 그곳에는 뜻이 비슷한 사람들이 15만 명 넘게 모여서 서로 도와가며 일일 확신의 말을 수행하고 있다. 기꺼이 당신을 도와줄 것이다.

10장

30일간 기적의 공식
도전 계획

◇◇◇◇◇◇◇◇

이제
첫 사명에
도전하라

기꺼이 불편함을 감수하라.
불편함을 편하게 생각해라.
힘든 순간도 있겠지만, 꿈꾸는 대로
살기 위한 작은 대가에 불과하다.
_ **피터 맥윌리엄스**Peter Mcwilliams

███████ 삶의 막바지에 이르러서 오늘이 지구에서의 마지막 날이라고 상상해보자. 당신이 성취했던 일은 다 지나갔다. 이제 할 일이 아무것도 없다. 성장하고 자기계발을 하고, 목표를 추구할 시간은 더 존재하지 않는다. 이 생에서 할 수 있는 일은 전부 다 했다.

이제 현실을 확장해서 당신이 꿈꾸던 자신의 모습—100% 잠재력을 발휘해서 사는 사람—이 방에 들어온다고 상상해보자. 당연히 평생 그 사람을 알고 지내온 것 같고 아주 편안한 느낌이 든다. 당신과 그 사람은 잠깐 이야기를 나눴다. 그 사람의 마음가짐과 능력, 기여, 성취 수준 등을 파악했고, 10등급(한마디로 누구나 그리는 이상)의 당신은 어떤 모습일지 충분히 느낄 수 있었다. 그는 완벽한 삶을 살아왔고 가진 모든 것을 쏟아부었으며, 현생에서 누구보다 높은 성취감을 느꼈다.

현재 삶의 궤적과 비교했을 때 두 사람은 지금 당신의 모습과 꽤 비슷한가, 아니면 동떨어져 있는가?

꽤 무거운 질문이지만, 솔직해질 수만 있다면 현재 삶이 얼마나 만족스럽고 생산적인지, 그리고 앞으로 그렇게 될 수 있는지 판단하기에 좋은 질문이기도 하다. 충분히 성취하거나 기여할 수 있는데도 그러지 않았다는 걸 알고서 살아가는 것만큼 슬픈 일은 없다. 하지만 수많은 사람이 이 덫에 걸린다. 살면서 한 가지, 혹은 여러 가지 영역에서 이미 크게 성공했다고 해도 다른 분야에서 잠재력을 발휘할 기회는 얼마든지 있다.

마지막 장에서는 이 책에서 배운 모든 내용을 실천하여 10등급의 당신에게 더욱 가까워질 기회를 주고자 한다. 기적의 공식은 한 달 만에 당신의 의식에 깊이 뿌리내려서 굳이 생각하려고 노력하지 않아도 자연스럽게 떠올릴 수 있다. 그리고 존재의 일부로 자리 잡을 것이다. 확고한 신념은 기본 마음가짐이 된다. 남다른 노력은 일상이나 다름없다. 앞으로 30일간은 단순하지만 획기적인 여정으로서, 삶의 모든 영역에서 가시적이고 측정 가능한 기적을 일으키는 기적 전문가의 정체성을 완성해줄 것이다.

당신이 마주칠 가장 흔한 장애물과 이를 극복하는 법

■■■■■■■■■ 알다시피 나는 여러분이 최대한 쉽게 기적 전문가로 발돋움할 수 있게 도와주고 싶다. 필요 이상으로 일을 어렵게 하는 건(우리 마음속에서 항상 일어나는 일이다) 비생산적일뿐더러 불필요하다. 그래서 그 여정에 가장 흔히 나타나는 장애물을 소개하고, 미리 대비하는 한편 장애물이 나타났을 때 극복하는 방법을 알려주고자 한다.

많은 장애물 중에서도 제일 먼저 머리를 들이미는 건 비합리적인 공포―실패나 성공, 변화에 대한 두려움―이며, 이것 때문에 미루는 습관이 생긴다. 누구나 중요한 목표를 향해 첫걸음을 떼려는 순간 공포를 느낀다는 사실을 기억하자. 우리를 가두는 안락한 안전지대에서 감히 벗어나려고 시도할 때마다 불편해지기 마련이다. 당신이 중요하게 생각하는 목표에 도전할 때, 특히 예전에는 한 번도 해본 적 없을 때는 항상 두렵다. 그런 기분은 정상이며 당연하다.

하지만 우리는 전체 여정에서 그 대목을 빠르고 자연스럽게 지나치길 원한다. 당신의 뇌가 기본적인 스트레스 반응으로 돌아가려 하고 목표나 자신에 대해 부정적인 생각이 스멀스멀 올라온다면, 깊이 숨을 들이마시고 기적의 만트라를 암송하여, 두려움보다는 당신의 잠재력과 목표에 다시 집중해야 한다. 생각을 통제해야 현실을 통제할 수 있다는 사실을 기억하자. 마찬가지로 매일 기적의 공식 확언을 암송하면(30일간 도전 계획에 포함된다) 두려움을 극복할 여유가 뇌에 생기고, 당신이 전념하는 대상과 그 이유에 집중할 수 있다.

여전히 두렵고 막막하다면 3장을 다시 읽어보고, 인간에게 내재한 갈등 네 가지를 겪고 있진 않은지 확인해보라.

- 기회에 대한 비합리적 공포 vs 현재 상태 유지: 당신은 기회가 두려운가?
- 그릇된 특권 vs 진정한 특권: 자격이 없다는 생각이 드는가?
- 잠재 이형증 vs 잠재력 실현: 자신의 진정한 잠재력이 보이지 않는가?
- 세상이 정의하는 나 vs 내가 정의하는 나: 다른 사람이 자신을 제한하도록 내버려두는가?

자신을 가로막는 대상이 무엇인지 이해하는 것이 이를 극복하는 첫걸음이다.

이 계획에 도전했던 내 고객과 친구들에게서 여러 번 목격한 또 다른 장애물은 단기 결과에 대한 감정적인 집착이었다. 체중을 감량하려고 정해진 프로세스를 따랐지만(열량 섭취 제한, 운동하기) 체중계 숫자가 꼼짝도 하지 않았던 내 친구를 기억하는가? 그 친구는 숫자에 감정적으로 집착하느라 거의 그만둘 뻔했지만, 체질량 지수가 낮아지면서 몸무게가 유지됐다는 사실을 깨달았다. 그의 노력은 결국 빛을 발했다.

내가 《미라클 모닝》을 홍보하면서, 판매량이 전혀 늘지 않는데도 남다른 노력을 기울였던 기간을 떠올려보자. 판매량이 늘어나기 전까지 나는 계속해서 프로세스에 전념했다. 100개가 넘는 팟캐스트에 게스트로 출연하고, 내가 진행하는 팟캐스트 에피소드도 50개 이상 제작했으며 TV 출연 횟수도 10건이 넘는다. 그 밖에도 수많은 일을 했다.

내가 단기적인 결과(평범한 수준이었다)에 감정적으로 집착했더라면 두 달이나 넉 달째, 아니면 열두 달째에 포기했을 것이다. 어쨌든 18개월이나 지속했을 리는 없다. 운 좋게도, 나는 세상에 존재하는 진정한 성공의 비밀을 알고 있었다. 즉 결과에 감정적으로 집착하지 말고 프로세스에 계속 전념하면 된다. 모든 결과에는 프로세스가 선행하며, 오랜 기간 끊임없이 프로세스에 전념하는 한 결국 성공은 틀림없이 따라올 것이다.

또 다른 장애물은 조급함이다. 우리 시대와 문화는 즉각적인 만족을 중시한다. 문자 메시지만 보내면 금방 친구에게 연락할 수 있다. 언제든 어떤 매체든, 내킬 때 휴대전화를 살짝 터치만 해도 확인할 수 있다. 심지어 신발이나 식료품을 주문하면 당일 배송된다. 이제 인내는 쓸모없는 가치가 된 것 같다.

하지만 기적을 일으킬 때 인내는 결정적인 역할을 한다. 시간이 오래 걸리는 기적도 있기 때문이다. 예를 들어 책을 쓰면서 한나절 만에 완성할 수는 없다(정말 짧은 책이 아니라면). 특정 일자에 끝내려면 하루에 몇 자나 써야 하는지 계산을 끝냈다고 해도 끈질기게 붙들고 늘어져야 한다. 이 책을 포함해서 내가 쓴 책은 모두 처음 예상보다 기간이 오래 걸렸다. 첫 책은 6년 만에 완성했다. 두 번째 책은 3년 걸렸다. 이 책은 6개월간 작업했다(출판사에는 3개월 만에 완성하겠다고 약속했다).

조급해지면 스트레스가 치솟고, 프로세스에 계속 전념하기 힘들다. 창의력이 사라지고 집중력이 떨어지며, 목표를 달성하는 과정에서 발휘해야 할 문제 해결 능력이 흐려진다. 조바심이 나서 다리가 떨리고 아직 목표를 달성하지 못해서 초조하다면, 당신 앞에 아주 기나긴 여정이 놓여 있고 그 자체가 삶의 방식이라는 사실을 기억하라.

기적 전문가가 되려면 극복해야 할 일반적인 장애물에 대한 정보와 전략을 갖췄으니, 이제 30일간 도전 계획을 본격적으로 시작하자.

30일간 기적의 공식 도전 계획

■■■■■ **자료 다운로드:** www.tmebonuses.com에서 30일간 기적의 공식 도전 계획 워크북을 다운받을 수 있다.

30일간 기적의 공식 도전 계획은 6단계로 이뤄졌고, 그중 세 단계는 이 책을 읽으면서 이미 완성했을 것이다. 그랬다면 축하한다. 벌써 도전 계획을 반이나 완성한 셈이다. 하지만 이 책이 너무 흥미진진해서 읽는 데 집중하느라(나도 자주 그러기 때문에 독자를 탓할 수는 없다) 첫 세 단계를 실행하지 못했다면, 아래 단계를 살펴보고 해당하는 장을 다시 읽어본 뒤 지금 각 단계를 완성하기 바란다.

◉ 현실 속 30일간 도전 계획

30일간 기적의 공식 도전 계획을 완전히 공개하는 건 처음이다 보니, 소개할 만한 사례가 많지는 않다. 하지만 30일간 기적의 공식 도전 계획은 전 세계 수십만 명의 사람들이 실행하고 있는 30일간 미라클 모닝 도전 계획을 본보기로 삼았다. 그 결과는 정말 놀라웠다.

단 30일 만에 캐나다 온타리오주에 사는 돈 포그Dawn Pogue는

- 담배를 끊었다(30일간 금연).
- 매일 운동했다(30일간 타원형 운동기구 훈련).
- 카페인을 끊었다(30일간 커피 금지).

- 몸매를 가졌다(5킬로그램 감량, 허리둘레 4.2인치 감소).
- 자신감을 되찾았다.

오리건주 세일럼에 사는 질리언 퍼킨스Gillian Perkins는

- 책을 세 권 읽었다.
- 사업을 30% 성장시켰다.
- 다음에 구매할 집 계약금으로 5,000달러를 저금했다.
- 일주일에 세 번 운동했다.
- 체질량 지수를 36%에서 23%로 낮췄다.
- 첫 책을 쓰기 시작했다.
- 집 전체를 완벽하게 정리하고 청소했다.

독일 쾰른에 사는 게오르기오스 그리오라키스Georgios Griorakis는

- 블로그에 글을 세 편 올렸다.
- 하프 마라톤을 뛰었다.
- 세심한 영양 프로그램을 꾸준히 지켰다.
- 운동하는 동안 팟캐스트를 20개 이상 청취했다.
- 자신감과 끈기, 절제력을 키웠고 30일간의 도전을 꾸준히 성공적으로 마무리하면서 전반적으로 자랑스러웠다.

이 사례들은 단 30일 만에 삶이 얼마나 많이 바뀔 수 있는지 보여준다. 이제 당신의 차례다.

◈ 1단계: 첫 사명을 결정한다

6장에서 내가 달리기를 싫어하기 때문에 달릴 수 있는 사람을 경험하고 싶어서―그런 사람이 되기 위해―80킬로미터짜리 울트라 마라톤을 완주한다는 사명에 전념했던 것을 기억하는가? 그렇다면 이제 당신 차례다. 당신의 울트라 마라톤은 무엇인가? 안전지대에서 너무 멀리 벗어난 존재라서, 달성하려면 어떤 사람이 돼야 하는지 모르지만 그를 만나고 싶고 그렇게 되고 싶은 사명이 있는가?

사명을 결정하려면 모든 목표를 점검한 뒤 자문해야 한다. 내 인생에서 원하는 걸 모두 이룰 수 있는 사람이 되려면 이 중에서 어떤 목표를 달성해야 할까? 그 질문에 대한 대답이 당신의 사명이다.

사명은 의욕과 활기를 불러일으켜야 하지만 조금은, 혹은 많이 위협적이거나 두려울 수도 있다. 사명은 현재 삶의 방식에서 벗어날 만큼 중요하고, 당신의 능력을 다음 수준으로 뻗을 수 있을 만큼 도전 의식을 자극하는 것이어야 한다. 또한 큰 의미를 지녀야 하므로, 본인의 가치관과 가장 중시하는 대상을 고려해야 한다. 마지막으로 지금 당신의 삶에서 강조하고 싶은 가치를 반영하는 가시적이고 측정 가능한 기적이 무엇인지 결정하자. 그것이 첫 번째 사명이 될 것이다.

◆ 2단계: 프로세스를 미리 결정한다

명확성이 있으면 활기가 붙는다. 이다음에 할 일이 무엇인지 정확히 알고, 그 일을 하면 궁극적으로 원하는 곳에 가까워질 수 있다는 걸 이해하면, 필연적인 성공 가능성을 느끼며 동기부여가 될 것이다. 프로세스는 최대한 단순하고 쉽게 실천할 수 있게 설계해야 한다. 보통 한 번에 한 가지 일을 하는 것이 제일 좋다.

아직 당신의 프로세스가 무엇인지 모른다면, 그것을 조사하고 찾아내는 작업을 첫 프로세스로 삼으면 된다. 관심 분야에서 아마존 베스트셀러를 찾아보자. 구글에서 사명과 관련된 무료 자료를 검색해도 좋다. 특정 능력을 계발하거나 기술을 습득하고, 어떤 주제에서 전문가가 되고자 한다면 그것을 연습하거나 배우는 일이 첫 프로세스가 된다. 프로세스는 삶의 방식이라는 사실을 기억하라.

러셀 시먼스Russel Simmons는 저서 《자신에 집중하라!: 행복과 성공을 성취하는 내면의 힘을 끌어낼 열두 가지 법칙Do You!: 12 Laws to Access the Power in You to Achieve Happiness and Success》에서 "항상 보상에 집중하라는 말이 있지만, 나는 그 말에 동의하지 않는다. 보상에만 신경 쓰다 보면 여러 가지 장애물에 발을 헛디디고 부딪치기 마련이다. 정말 앞으로 나아가고 싶으면 과정에 집중해야 한다." 이 맥락에서 과정은 우리가 말하는 프로세스다. 모든 결과에는 과정이 선행하며, 꾸준히 목표를 달성하려면 결과에 감정적으로 집착하지 않고 꾸준히 프로세스에 전념하는 것이 핵심이다.

◈ 3단계: 하루도 빠짐없이 기적의 공식 확언을 암송하는 시간을 정한다

새로운 가능성에 마음을 열 방법은 꾸준히(매일) 반복하는 것뿐이다. 확언을 한 번, 심지어 열 번 암송해도 기존 사고방식을 단숨에 바꾸기는 힘들다. 운동과 마찬가지로 보상을 거두려면 오랜 기간 꾸준히 해야 한다. 두려움을 신념으로 대체하고 흔들리지 않게 유지하려면, 신념을 매일 강화해야 한다. 그러니 지금 당장 일정표를 확인하고, 확언을 암송할 시간을 반복해서 설정하라. 몇 분만 투자한 뒤 할 일을 하면 된다.

◈ 4단계: 프로세스를 수행할 일정을 정하고 책임을 진다

남다른 노력에서 가장 중요한 것은 일관성이다. 미리 정해진 프로세스를 수행하고, 사명 달성에 도움이 되는 일을 하루에 적어도 한 가지씩 해야 한다. 나는 다른 일을 하기 전에 최우선 순위부터 꼭 처리하기 위해, 60분간 '사명 달성 시간'을 정해서 매일 아침 반복한다. 하루에 30분이나 60분, 일주일에 5~7일, 아침이나 저녁, 혹은 퇴근 전이나 후에 해도 된다. 가족들과 시간을 보내거나 휴식을 취하기 전 토요일 네 시간, 일요일 네 시간으로 정해도 좋다. 프로세스를 수행하는 시간은 집중할 수 있는 에너지와 능력이 최고조에 달하고 가장 컨디션이 좋을 때로 잡아야 한다. 내겐 아침이 그런 시간이다. 오후가 되면 뇌가 제대로 돌아가지 않는다.

이 단계를 마무리하기 전에, 당신에게 책임을 지우고 얼마나 노력했는지 공유할 사람(들)과 점검해보자. 그들이 프로세스 진행 상황(하루 단위, 혹은 일주일 단위)과 의사소통 방식을 어떻게 점검할지 정해야 한다. 이 단계에서 각오가 더욱더 단단해지므로, 세심하게 진행하면서 일정이 무리 없이 꾸준히 지켜지도록 관리하라.

◈ 5단계: 프로세스와 진척 상황을 매일 평가한다

단기 결과에 감정적으로 집착하면 안 되지만, 확실하게 파악하고 있어야 한다. 진행하다 보면 프로세스를 수정해야 할 때도 있다. 진척 상황을 되돌아볼 필요가 발생하기도 한다.

나는 계속 사명을 인식하고 추진력을 유지하기 위해 매일 노트에 기록하는 방법을 추천한다. 전날에 있었던 일을 되돌아보려고 아침에 기록하는 사람도 있고, 그날 활동을 돌이키며 저녁에 하는 것을 선호하는 사람도 있다. 당신에게 무엇이 가장 효과적일지 고려하라.

처음에 시작하면서 다룰 만한 질문들을 소개한다.

1. 지난 24시간 동안 가장 큰 성과는 무엇인가?
2. 내 프로세스를 다 끝냈는가?
3. 가장 크게 개선된 영역은 무엇인가?
4. 다르거나 더 나은 방식으로 할 수 있는 건 없었는가?
5. 지금까지 무엇을 배웠는가?
6. 프로세스를 바꾸거나 조정할 필요가 있는가?
7. 조언이나 피드백을 요청할 사람이 있는가?

자료 다운로드: 방금 소개한 질문(그 밖에도 다수)은 www. tmebonuses.com의 30일간 기적의 공식 도전 계획 워크북에 나와 있다.

◆ 6단계: 사명을 마무리하면서 과정과 결과를 평가한다

성공한 개인이나 팀의 공통된 특성은 프로젝트를 끝낸 뒤 시간을 들여서 지금까지 얻은 교훈을 앞으로 활용할 수 있을지 되새겨본다는 점이다. 알다시피 목표는 모두 중요하지만, 목표에서 얻는 가장 큰 가치는 그 프로세스를 거치면서 발전한 당신의 자질과 특성(즉 변화된 모습)이다. 기적 전문가가 되려고 할 때는 목표를 추구하는 과정에서 배운 점을 파악하고 통합하는 것이 무척 중요하다.

처음에 시작하면서 다룰 만한 질문들을 소개한다.

1. 목표를 달성했는가?
2. 다르거나 더 나은 방식으로 할 수 있는 건 없었는가?
3. 지금까지 무엇을 배웠는가?
4. 다음 기적의 사명을 위해 무엇을 변화시켜야 할까?

끝내기 전에

██████████ 첫 사명을 준비하는 동안, 매일 기적 전문가로 살아가고 상상할 수 있는 가장 특별한 삶을 창조하기 위해 필요한 요소를 모두 갖췄다는 사실을 기억해야 한다. 사실 그 능력은 지금까지 늘 당신의 내면에 존재했다. 나는 단순히 그것을 집중 조명했을 뿐이다. 우리가 함께하는 동안 당신에게 필요했던 것을 배웠기 바라고, 첫 사명과 이어지는 다음 사명에서 멋지게 성공하길 빈다. 가장 큰 목표를 단순한 가능성에서 있음직한 일로, 그리고 반드시 이뤄질 현실로 바꾸기 위해서는 두 가지 결심만 하면 된다. 이제 기적을 일으킬 시간이다.

이제 무엇을 할 것인가?

■■■■■■■■ "이것은 끝이 아니다. 끝의 시작도 아니다. 다만 시작의 끝일 수는 있다." 윈스턴 처칠은 말했다.

그동안 많은 내용을 살펴봤는데, 끝까지 함께한 분들에게 진심으로 감사한다. 물론 이것은 우리 여정의 시작에 훨씬 가깝다. 나는 기적을 속속들이 파헤치고, 기적을 달성하는 일이 알고 보면 얼마나 실용적이고 현실적인지 보여주려고 노력했다. 이 책을 처음 집어 들 무렵의 당신을 포함하여 많은 사람의 생각과는 달리 기적은 신비로운 존재가 아니다. 적어도 당신이 적극적으로 정의하고 창조하려 노력하는, 가시적이고 측정 가능한 기적이라면 말이다.

기적의 공식을 따르고 지금까지 배운 전략을 활용하면 계속 일어나는 기적이 당신의 기본적인 삶의 방식이 될 것이다. 이 책에서 다뤘던 두 가지 결심을 유지하는 한, 성공은 필연적인 존재가 되고 원하는 일은 무엇이든 가능하다는 사실을 깨달을 수 있다. 상당히 무거운 약속이라는 건 알지만, 그런 결과를 수없이 목격했기에 믿을 수밖에 없었다.

나는 지난 20년에 가까운 세월 동안, 삶을 위협하는 역경을 극복하고 흔들림 없이 기적의 공식에 전념하여 항상 원하는 삶을 살아갈 수 있어서 축복을 받았다고 생각한다. 또한 다른 사람의 기적에도 참여하여 그들이 내면적인 갈등을 극복하고, 한때 불가능하다고 믿었던 대상을 넘어서는 모습을 지켜볼 수 있어 영광이었다. 그건 마법이 아니었다. 우리가 비전 보드만 쳐다보고 있었던 것도 아니다. 역사적으로 가장 성공한 사람들이 지켰던 확고한 신념과 남다른 노력이라는 두 가지 결심을 적극적으로 시작하고 유지했기에 가능했던 일이다.

당신도 똑같은 경험을 할 수 있다. 가능하다고 생각했던 것보다 훨씬 빨리 남다른 삶의 변화가 일어날 것이다. 앞으로 30일 동안 지금까지 당신을 방해했던 두려움과 의심, 내면적 갈등을 극복해보자. 우리 내면에는 예전에는 불가능하다고 생각했을 모습을 끌어낼 힘이 존재한다. 한계는 없다. 당신이 원하고 기꺼이 창조하려는 삶은 날 때부터 당신에게 주어진 특권이다.

일생일대의 목표를 단순한 가능성에서 있음직한 일로, 그리고 반드시 이뤄질 현실로 바꾸는 것은 가능과 불가능 사이에서 선택할 문제가 아니다. 결국은 하게 돼 있다. 기적의 공식을 적용할 때 가장 큰 변수는 사명 달성에 걸리는 시간이다. 우리가 생각하거나 바라기보다 오래 걸리기도 하지만, 그 보상은 항상 노력하고 기다릴 가치가 있다.

현재 위치보다 좀 더 높았으면 싶거나 다른 사람의 위치와 자신을 비교하게 된다면 한 가지만 기억하자. 오랜 기간 노력한 끝에 결국 목표를 달성했을 때 뒤돌아보면서 더 빨리 했으면 좋았겠다고 아쉬워하는 경우는 거의 없다는 사실 말이다. 그때는 지금까지 과정과 타이밍이 완벽했다는 사실을 깨달을 것이다. 그동안 마주친 도전과 장애물은 당신의 성장에 필요한 존재였다. 그러니 지금 어떤 단계에 있든지 현재 상황을 편하게 받아들이면서도 건전한 시급성을 유지하여, 매일 꾸준히 진전을 이루고 원하는 곳에 갈 수 있게 준비해야 한다. 당신은 그곳에 꼭 도달할 테고 타이밍은 완벽할 것이다.

나는 앞서 들어가는 글에서 이 책을 통해 한 번에 한 사람씩 사람들의 의식을 고양하는 기적을 일으키고 싶다고 했다. 여러분이 처음에 그 문장을 읽었을 때는 어깨를 으쓱했겠지만, 이제 그 사명이 실제로 가능하다는 사실을 깨달았길 바란다. 나는 이 목표를 달성하기 위해, 성공했다는 느낌이 들 때까지 계속 기적의 공식을 적용할 생각이다. 아주 간단한 일이다. 시간이 흐르면 내 사명은 가능성에서 있음직한 일로, 그리고 반드시 이뤄질 현실로 바뀔 것이다. 다른 선택은 없다.

그렇다면 당신은 어떤가? 첫 사명을 결정했는가? 30일간의 도전 계획을 시작할 준비가 됐는가?

그 여정을 시작하면서 생각을 자기 밖의 세상으로 확장할 것을 추천한다. 물론 개인적인 목표를 위주로 기적을 일으키는 것도 훌륭하지만(그리고 중요하지만), 더 큰 그림을 간과하지 말기 바란다. 가시적이고 측정 가능한 기적을 일으키는 법을 알았으니, 어떤 기적을 일으킬 것인지 선택할 책임도 따라온다. 주변 세상을 한번 바라보자. 무엇이 부족한가? 무엇을 더 보고 싶은가? 당신만의 독특한 자취를 어디에 남길 수 있을까? 이 세상에 무엇을 유산으로 남길 것인가? 일단 자신과 가족부터 시작해도 좋다. 하지만 그 후에는 당신이 몸담은 공동체로 확장하고 거기서부터 성장하자. 기적 전문가로서 다른 사람에게 영향을 줄 잠재력을 무한정 지니고 있으니, 아무도 그 책임을 가벼이 여겨선 안 된다.

알다시피, 단순한 두 결심을 따라 살면 새로운 가능성의 패러다임이 열릴 것이다. 어떤 가능성을 필연성으로 바꿀지는 당신에게 달려 있다. 실패는 불가능하므로 어떤 목표나 꿈, 사명도 지나치게 크지 않다. 오직 배우고 성장하고, 예전보다 나아질 일만 남았을 뿐이다. 당신이 어떤 기적을 일으켰는지 어서 듣고 싶다.

아이 하나를 키우려면 마을 하나가 동원된다는데, 책 한 권을 쓰려면 마을이 둘은 있어야 할 것 같다. 내 마을 주민들에게 진심으로 감사한 마음을 전하고 싶다.

어설라, 내 평생의 아내이자 꿈의 여인. 당신은 세상에서 제일 훌륭한 아내이자 어머니이고, 내가 삶을 함께하길 꿈에 그려온 사람입니다. 흔들리지 않고 나를 지지하며 내가 이룬 모든 것을 가능하게 해주었습니다. 내 심장의 주인은 당신과 이 두 사람입니다. 우리 아이들 소피와 할스튼. 너희는 내게 영감을 주고, 세상 그 무엇보다 소중한 존재다. 마크와 줄리, 내 부모님. 삶을 시작하던 때로 돌아가서 다시 부모님을 고를 수 있다면, 전 또 두 분을 선택할 겁니다. 두 분의 무조건적인 사랑과 영향력이 오늘날의 저를 만들었어요. 헤일리, 내 동생. 항상 날 믿어주고, 내가 사랑하고 존경할 수 있는 사람이 돼줘서 고맙다. 티파니 스와인하트Tiffany Swineheart, 우리 운영 책임자. 당신이 내 삶에 얼마나 많은 가치를 더해줬는지, 얼마나 감사한지 말로는 다 표현할 수 없습니다. 최고예요, 티파니. 존 버그호프, 내 절친한 친구이자 사업 파트너. 내가 병원에서 암과 싸울 때 나와 가족들을 위해 큰 역할을 해줘서 고맙다. 사랑한다, 친구. 오노레 코더Honoree Corder, 내 친구이자 《미라클 모닝》 시리즈를 함께 만들어간 사람. 병원에서 암과 씨름할 때 당신도 기꺼이 나서서 나와 가족들을 도와줬습니다(시리즈 중에 두 권을 출판해주신 것 같군요!). 사랑해요! 스털링 로드 문학 에이전시Sterling Lord Literistic의 존 마스John Maas와 설레스트 파인Celeste Fine, 이 책이 현실이 될 수 있도록 확고한 신념과 남다른 노력을 보여줘서 고맙습니다. 에밀리 클라인Emily Klein, 내가 ADHD 증상이 있는 뇌로도 집중할 수 있게 도와주고 앞뒤가 안 맞는 아이디어를 정리하여 독자들에게 일관성 있는 개념으로 소개해줘서 고마워요. 다이애나 바로니Diana Baroni와 펭귄 랜덤 하우스Penguin Random House 팀, 이 책을 믿어주고 세상에 나오게 해줘서 감사합니다. 미라클 모닝 커뮤니티의 전 세계 회원들, 매일 아침 일어나서 잠재력을 실현하기 위해 노력하고, 서로 도와주고 있죠. 함께라면 우린 인간의 의식을 매일 아침에 한 명씩 진정으로 끌어올릴 수 있을 겁니다. 모두 사랑합니다!